JN024317

2024年版

中検**3**級
試験問題

［第108・109・110回］
解答と解説

一般財団法人
日本中国語検定協会 編

白帝社

音声ファイルの再生方法について

■ 『中検 3 級試験問題 2024［第 108・109・110 回］』の音声ファイル（MP3）は，下記サイトにアクセスし，無料でストリーミングやダウンロードで聞くことができます。

https://www.hakuteisha.co.jp/audio/chuken/3-2024.html

■ **ストリーミングで聞く場合**（スマートフォン，パソコン，Wi-Fi がある所でおすすめ）：「ストリーミング」の下にあるトラック番号を選択（タッチまたはクリック）すると再生されます。

■ **ダウンロードで聞く場合**（パソコンでおすすめ）：「ダウンロード」の下にあるファイル名を選択（クリック）します。ファイルは ZIP 形式で圧縮された形でダウンロードされます。スマートフォンで行う場合の参考情報は，iv 頁をご覧ください。

■ 発行より年月がたっているものは，ダウンロードのみとなります。

■ 本文中の ⭕ マークの箇所が音声ファイル（MP3）提供箇所です。会場での受験上の注意を収録したトラック 01，02，44 は，本書「問題」部分には記していません。

■ 本書と音声は著作権法で保護されています。

ご注意

＊ 音声の再生には，MP3 ファイルが再生できる機器などが別途必要です。

＊ ご使用機器，音声再生ソフトに関する技術的なご質問は，ハードメーカー，ソフトメーカーにお問い合わせください。

ストリーミングやダウンロードがご利用できない場合は CD をお送りします。下記白帝社宛にお問い合わせください。

171-0014　東京都豊島区池袋 2-65-1　白帝社 CD 係

info@hakuteisha.co.jp　Tel：03-3986-3271　Fax：03-3986-3272

①ご希望の CD の書名：『中検 3 級試験問題 2024［第 108・109・110 回］』，②お送り先の住所・電話番号，③ご氏名をお知らせいただき，④ご入金の確認後に CD をお送りいたします。

まえがき

　私たちの協会はこれまで各回の試験が終わるごとに級別に試験問題の「解答解説」を発行し，また年ごとに試験問題と解答解説を合訂した「年版」を公表してきました。これらは検定試験受験者だけでなく，広く中国語学習者や中国語教育に携わる先生方からも，大きな歓迎を受けてきましたが，ただ主として予約による直接購入制であったため，入手しにくいので一般の書店でも購入できるようにしてほしいという声が多く受験者や学習者から寄せられていました。

　その要望に応えるため，「年版」の発行を中国語テキストや参考書の発行に長い歴史と実績を有する白帝社に委ねることにしました。「各回版」の方は速報性が求められ，試験終了後直ちに発行しなければならないという制約を有するため，なお当面はこれまでどおり協会が発行し，直接取り扱うこととします。

　本書の内容は，回ごとに出題委員会が作成する解答と解説に準じていますが，各回版刊行後に気づいた不備，回ごとの解説の粗密や記述体裁の不統一を調整するとともに，問題ごとに出題のねらいや正解を導くための手順を詳しく示すなど，より学習しやすいものになるよう配慮しました。

　本書を丹念に読むことによって，自らの中国語学習における不十分なところを発見し，新しい学習方向を定めるのに役立つものと信じています。中国語学習者のみなさんが，受験準備のためだけでなく，自らの学力を確認するための目安として本書を有効に活用し，学習効果の向上を図られることを願っています。

2024 年 4 月

一般財団法人 日本中国検定協会

本書について

　本書は，日本中国語検定協会が 2023 年に実施した第 108 回（3 月），第 109 回（6 月），第 110 回（11 月）中国語検定試験の問題とそれに対する解答と解説を，実施回ごとに分けて収めたものです。リスニング問題の音声はダウンロードして聴くことができます。

問　題

・試験会場で配布される状態のものに，音声のトラック番号を ○03 のように加えています。ただし，会場での受験上の注意を収録した各回のトラック 01，02，44 は記していません。

解答と解説

・問題の最初に，出題のポイントや正解を導くための手順を簡潔に示しています。

・4 択式の解答は白抜き数字❶❷❸❹で，記述式の解答は太字で示しています。解説は問題ごとに 　　 内に示しています。

・長文問題の右側の数字は，5 行ごとの行数を示しています。

・リスニングの長文聴解や，筆記の長文読解の文章中の解答部分，あるいは解答を導く手掛かりとなる箇所には破線＿＿＿のアンダーラインを施しています。

・準 4 級・4 級・3 級の問題文と選択肢の文すべて（一部誤答は除く）にピンインと日本語訳例を付し，リスニング問題にはピンインと漢字表記および日本語訳を付けています。

・ピンイン表記は原則として《现代汉语词典 第 7 版》に従っていますが，“不”“一”の声調は変調したものを示しています。

“没有”は動詞は méiyǒu，副詞は méiyou のように表記しています。

軽声と非軽声の 2 通りの発音がある場合は，原則として軽声の方を採用しています。例：“打算 dǎ·suàn”は dǎsuan，“父亲 fù·qīn”は fùqin，“因为 yīn·wèi”は yīnwei。

方向補語は次の例のように表記しています。

動詞"起"が方向補語"来"を伴う場合の可能・不可能形："来"は非軽声。

起来 qǐlai　　　　⇨　　起得来 qǐdelái　　　起不来 qǐbulái

（起き上がる）　　　　　（起き上がれる）　　（起き上がれない）

動詞"赶"が方向補語"上"を伴う場合の可能・不可能形："上"は非軽声。

赶上 gǎnshang　　　⇨　　赶得上 gǎndeshàng　赶不上 gǎnbushàng

（追いつく）　　　　　　（追いつける）　　　（追いつけない）

複合方向補語"起来"を伴う動詞"拿"の可能・不可能形："起来"は非軽声。

拿起来 náqilai　　　⇨　　拿得起来 nádeqǐlái　拿不起来 nábuqǐlái

（手に取る）　　　　　　（手に取れる）　　　（手に取れない）

複合方向補語"起来"の"起"と"来"の間に目的語が置かれる場合："起"
は非軽声，"来"は軽声。

拿起书来 náqǐ shū lai ⇨　拿得起书来 nádeqǐ shū lai

（本を手に取る）　　　　（本を手に取れる）

　　　　　　　　　　　　拿不起书来 nábuqǐ shū lai

　　　　　　　　　　　　（本を手に取れない）

"上来、上去、下来、下去、出来、出去"等はすべて上の例にならう。

・品詞名と術語は次のとおりです。

　　名詞　　　　動詞　　　助動詞　　形容詞　　数詞　　　量詞（＝助数詞）

　　数量詞（数詞＋量詞）　　　代詞（名詞・動詞・形容詞・数量詞・副詞に代わ

　　る語）　　擬声詞（＝擬声語・擬態語）　　　副詞　　介詞（＝前置詞）

　　連詞（＝接続詞）　　助詞　　嘆詞（＝感動詞）　　　接頭辞　　接尾辞

　　中国語の"状语"は状況語（連用修飾語），"定语"は限定語（連体修飾語）
としています。

・音声のトラック番号は，03 のように示し，繰り返しのものを割愛しています。

解答用紙見本

・巻末にマークシート式の解答用紙の見本（70％縮小）があります。記入欄を
間違えないように，解答欄の並び方を確認しましょう。

参考情報 スマートフォンで音声ダウンロードと再生を行う手順

https://www.hakuteisha.co.jp/audio/chuken/3-2024.html

・Android，iPhone：次の手順で再生してください。

① QR コードを読み取るか，ブラウザに URL を入力して，音声ダウンロードページを開きます。
⇩
② ダウンロードしたいものを選択（タッチ）すると，ダウンロードされます。
⇩
③ ダウンロードしたものが保存されている場所を開き，ダウンロードしたものを開きます。
⇩
④ ダウンロードしたファイルを選択し，聞きたいトラック番号を選択して，再生します。

＊スマートフォンの機種や使用アプリ，アプリのバージョンによって操作方法は少し異なることがあります。

目　次

第108回
（2023年3月）

リスニング（⇨解答と解説11頁）

03 **1** 1. (1)〜(5)の問いの答えとして最も適当なものを，①〜④の中から1つ選びなさい。

(25点)

04 (1)

　　①　　　　　　　②　　　　　　　③　　　　　　　④

05 (2)

　　①　　　　　　　②　　　　　　　③　　　　　　　④

06 (3)

　　①　　　　　　　②　　　　　　　③　　　　　　　④

07 (4)

　　①　　　　　　　②　　　　　　　③　　　　　　　④

08 (5)

　　①　　　　　　　②　　　　　　　③　　　　　　　④

09 2. (6)〜(10)のAとBの対話を聞き，それに続くAの発話として最も適当なものを，①〜④の中から1つ選びなさい。

(25点)

10 (6)

　　①　　　　　　　②　　　　　　　③　　　　　　　④

11 (7)

　　①　　　　　　　②　　　　　　　③　　　　　　　④

12 (8)

　　①　　　　　　　②　　　　　　　③　　　　　　　④

13 (9)

　　①　　　　　　　②　　　　　　　③　　　　　　　④

14 (10)

　　①　　　　　　　②　　　　　　　③　　　　　　　④

15 **2** 中国語を聞き，(1)～(10)の問いの答えとして最も適当なものを，①～④の中から1
つ選びなさい。 (50点)

(1)～(5)の問いは音声のみで，文字の印刷はありません。

18
25 (1)
　　① 　　　　② 　　　　③ 　　　　④

19
26 (2)
　　① 　　　　② 　　　　③ 　　　　④

20
27 (3)
　　① 　　　　② 　　　　③ 　　　　④

21
28 (4)
　　① 　　　　② 　　　　③ 　　　　④

22
29 (5)
　　① 　　　　② 　　　　③ 　　　　④

第108回　問題〔リスニング〕

30
37

31
38

32 (6) 小林还有多长时间毕业？

39 　　①　　　　　　　②　　　　　　　③　　　　　　　④

33 (7) 小林是什么时候跟男朋友认识的？

40 　　①　　　　　　　②　　　　　　　③　　　　　　　④

34 (8) 小林的男朋友为什么来日本留学？

41 　　①　　　　　　　②　　　　　　　③　　　　　　　④

35 (9) 小林的老家在哪儿？

42 　　①　　　　　　　②　　　　　　　③　　　　　　　④

36 (10) 小林的男朋友今年为什么没能回国？

43 　　①　　　　　　　②　　　　　　　③　　　　　　　④

筆記 （⇨解答と解説21頁）

1 1. (1)～(5)の中国語と声調の組み合わせが同じものを，①～④の中から1つ選びなさい。 (10点)

(1) 旅游　　① 体育　　② 起床　　③ 美好　　④ 食堂

(2) 医生　　① 经营　　② 黄金　　③ 公司　　④ 和平

(3) 电影　　① 房间　　② 外语　　③ 饭店　　④ 地图

(4) 报告　　① 历史　　② 健康　　③ 跑步　　④ 重要

(5) 加油　　① 结婚　　② 生活　　③ 商场　　④ 成功

2. (6)～(10)の中国語の正しいピンイン表記を，①～④の中から1つ選びなさい。 (10点)

(6) 商店　　① shāngdiàn　② shāngtiàn　③ xiāngdiàn　④ xiāngtiàn

(7) 水果　　① shuǐgǒu　② shuǐguǒ　③ suǐgǒu　④ suǐguǒ

(8) 交通　　① qiāotōng　② jiāotēng　③ qiāotēng　④ jiāotōng

(9) 方便　　① fāngbiàn　② fāngpián　③ fàngpiàn　④ fàngpián

(10) 打扫　　① dàsào　② dǎsǎo　③ dǎsǒu　④ dàsǒu

5

2 (1)～(10)の中国語の空欄を埋めるのに最も適当なものを，①～④の中から１つ選びなさい。

(20点)

(1) 这（　　　）鞋又好看又便宜。

① 张　　　　② 支　　　　③ 双　　　　④ 件

(2) 你怎么这么晚（　　　）来呢?

① 就　　　　② 才　　　　③ 再　　　　④ 又

(3) 能不能（　　　）你的词典借我用一下?

① 给　　　　② 使　　　　③ 让　　　　④ 把

(4) 我只是感冒了，你（　　　）担心。

① 不用　　　② 不想　　　③ 不能　　　④ 不行

(5) 我想她过（　　　）就会来的。

① 一点儿　　② 一会儿　　③ 一块儿　　④ 一边儿

(6) 我的书包（　　　）人拿走了。

① 被　　　　② 对　　　　③ 离　　　　④ 向

(7) 明天发表高考成绩，我等（　　　）你的好消息。

① 了　　　　② 过　　　　③ 着　　　　④ 得

(8) 这个菜吃（　　　）味道不错。

① 上来　　　② 起来　　　③ 过来　　　④ 出来

(9) 字写得太小，我看（　　　）清楚。

① 也　　　　② 都　　　　③ 没　　　　④ 不

(10) 这个道理（　　　）三岁的小孩子都懂。

① 连　　　　② 跟　　　　③ 对　　　　④ 就

3 1. (1)〜(5)の日本語の意味に合う中国語を，①〜④の中から1つ選びなさい。

(10点)

(1) テーブルにはワインが2本置いてあります。

① 餐桌上放着葡萄酒两瓶。

② 餐桌上两瓶放着葡萄酒。

③ 餐桌上放着两瓶葡萄酒。

④ 餐桌上两瓶葡萄酒放着。

(2) わたしもあそこへは行きたくありません。

① 我也不想去那个地方。

② 我想不也去那个地方。

③ 我也去不想那个地方。

④ 我想不去也那个地方。

(3) がんばり続けさえすれば，きっと成功します。

① 坚持下去只要，会一定成功的。

② 只要下去坚持，一定成功会的。

③ 只要坚持下去，一定会成功的。

④ 只要坚持下去，成功一定会的。

(4) 妻はどうしてもわたしにお酒を飲ませてくれません。

① 我爱人怎么也让我不喝酒。

② 我爱人怎么也不让我喝酒。

③ 我爱人让我怎么也不喝酒。

④ 我爱人让我也怎么不喝酒。

(5) ここに公園があることを知っている人はあまりいません。

① 知道的人不太多这儿有公园。

② 这儿有公园不太多知道的人。

③ 不太多知道的人这儿有公园。

④ 知道这儿有公园的人不太多。

7

2. ⑹〜⑽の日本語の意味になるように①〜④を並べ替えたときに，［　　］内に
入るものを選びなさい。 （10点）

⑹ 上海の春は東京と同じくらい暖かい。

上海的春天＿＿＿＿＿　＿＿＿＿＿　［＿＿＿＿＿］　＿＿＿＿＿。

① 暖和　　　　② 一样　　　　③ 跟　　　　④ 东京

⑺ あなたは今後決して遅刻してはいけませんよ。

你以后＿＿＿＿＿　［＿＿＿＿＿］　＿＿＿＿＿　＿＿＿＿＿。

① 了　　　　② 千万　　　　③ 迟到　　　　④ 不要

⑻ こんなにたくさんの仕事をわたしは1日ではやり終えられません。

这么多工作我＿＿＿＿＿　＿＿＿＿＿　＿＿＿＿＿　［＿＿＿＿＿］。

① 完　　　　② 一天　　　　③ 做　　　　④ 不

⑼ わたしは碁があまり上手ではありません。

我下围棋［＿＿＿＿＿］　＿＿＿＿＿　＿＿＿＿＿　＿＿＿＿＿。

① 得　　　　② 不太　　　　③ 下　　　　④ 好

⑽ この子はなんとかわいいのでしょう。

＿＿＿＿＿　＿＿＿＿＿　［＿＿＿＿＿］　＿＿＿＿＿！

① 呀　　　　② 这孩子　　　　③ 可爱　　　　④ 多么

8

4 次の文章を読み，(1)～(6)の問いの答えとして最も適当なものを，①～④の中から
1つ選びなさい。

(20点)

　　说起武汉大学，人们会想到樱花。在武汉大学的校园里有一 (1) 樱花大道，全长六百多米，两侧种植着一千多棵樱花树。每年3月中旬到4月上旬，武汉大学举办樱花节，校园对外开放，都会有百万游客到校园来观赏樱花。

　　武汉大学的樱花 (2) 中日两国的近代历史有密切关系。1939年，日本人在校园里种了三十棵樱花树，这是武汉大学樱花的最初由来。1972年中日邦交正常化时，作为日中世代友好的象征，田中角荣首相向中国赠送了一千棵樱花树。 (3) 当时的国务院总理周恩来曾经在武汉大学居住过，知道校园里有樱花树，于是决定把一千颗樱花树的一部分送给了武汉大学。现在武汉大学校园里的一千多棵樱花树， (4) 日本友好人士赠送的以外，还有不少是大学的园林工匠自己培育的。

　　樱花只有几天的花期，瞬息之间花开又花落。由此，有的人联想到生命的短暂，感悟出人生的悲壮和凄凉；有的人看到盛开的樱花，就 (5) 进入到桃花源的世界里一样，感受到生活的快乐和浪漫。

(1) 空欄(1)を埋めるのに適当なものはどれか。

①　通　　　　②　本　　　　③　条　　　　④　所

(2) 空欄(2)を埋めるのに適当なものはどれか。

①　给　　　　②　跟　　　　③　对　　　　④　为

(3) 空欄(3)を埋めるのに適当なものはどれか。

①　因为　　　②　只要　　　③　虽然　　　④　如果

(4) 空欄(4)を埋めるのに適当なものはどれか。

①　除非　　　②　除了　　　③　不仅　　　④　不光

(5) 空欄(5)を埋めるのに適当なものはどれか。

①　刚才　　　②　比如　　　③　好像　　　④　相似

⑹ 本文の内容と一致するものはどれか。

  ① 武汉大学的校园全年都向游客们开放。

  ② 周恩来把一千颗樱花树给了武汉大学。

  ③ 武汉大学的樱花都是由日本人赠送的。

  ④ 樱花可以让人感觉出不同的人生观念。

5 ⑴～⑸の日本語を中国語に訳し，漢字（簡体字）で書きなさい。
 （漢字は崩したり略したりせずに書き，文中・文末には句読点や疑問符をつけること。）

（20点）

⑴ あなたは週に何回中国語の授業がありますか。

⑵ わたしはあした行く時間がありません。

⑶ きょうはきのうより少し暑い。

⑷ 彼らはもうすぐ卒業します。

⑸ わたしは中国映画を観たことがありません。

リスニング

1 会 話

解答：(1) **❶**　(2) **❷**　(3) **❶**　(4) **❹**　(5) **❷**　(6) **❹**　(7) **❸**　(8) **❷**　(9) **❷**　(10) **❷**

1. 日常会話でよく使われる問いに対し，正確に答えることができるかどうかを問うています。

(5点× 5)

04 (1) 問：你在给谁打电话呢？

Nǐ zài gěi shéi dǎ diànhuà ne?

あなたは誰に電話をしているのですか。

答：**❶** 我在给妈妈打电话。

Wǒ zài gěi māma dǎ diànhuà.

わたしは母に電話をしています。

② 我马上给妈妈打电话。

Wǒ mǎshàng gěi māma dǎ diànhuà.

わたしはすぐに母に電話をします。

③ 我没给妈妈打电话。

Wǒ méi gěi māma dǎ diànhuà.

わたしは母に電話をしませんでした。

④ 我给妈妈打电话了。

Wǒ gěi māma dǎ diànhuà le.

わたしは母に電話をしました。

05 (2) 問：你们今年什么时候放暑假？

Nǐmen jīnnián shénme shíhou fàng shǔjià?

あなたたちはことしはいつから夏休みですか。

答：① 我们打算放了暑假去旅行。

Wǒmen dǎsuan fàngle shǔjià qù lǚxíng.

わたしたちは夏休みになったら旅行に行くつもりです。

❷ 我们下个星期就放暑假了。

Wǒmen xià ge xīngqī jiù fàng shǔjià le.

わたしたちは来週からもう夏休みになります。

③ 我们今年暑假每天都打工。

Wǒmen jīnnián shǔjià měi tiān dōu dǎgōng.

わたしたちはことしの夏休みは毎日アルバイトをします。

④ 我们今年放一个半月暑假。

Wǒmen jīnnián fàng yí ge bàn yuè shǔjià.

わたしたちはことし1か月半夏休みがあります。

06 (3) 問：你能不能听懂她说的英语？

Nǐ néng bu néng tīngdǒng tā shuō de Yīngyǔ?

あなたは彼女が話す英語を聞いて分かりますか。

答：❶ 她说得太快了，我听不懂。
　　Tā shuōde tài kuài le, wǒ tīngbudǒng.

彼女は話すのが速すぎて，わたしは聞いて分かりません。

② 我不会说英语，你说日语吧。
　　Wǒ bú huì shuō Yīngyǔ, nǐ shuō Rìyǔ ba.

わたしは英語が話せません，日本語を話してください。

③ 我学过两年汉语，听得懂。
　　Wǒ xuéguo liǎng nián Hànyǔ, tīngdedǒng.

わたしは2年間中国語を学んだので，聞いて分かります。

④ 你说得很慢，她应该听得懂。
　　Nǐ shuōde hěn màn, tā yīnggāi tīngdedǒng.

あなたはゆっくり話しているので，彼女は聞いて分かるはずです。

07 (4) 問：你昨天晚上玩儿了几个小时游戏?
　　Nǐ zuótiān wǎnshang wánrle jǐ ge xiǎoshí yóuxì?

あなたはきのうの夜，何時間ゲームをしましたか。

答：① 我三点开始玩儿的。
　　Wǒ sān diǎn kāishǐ wár de.

わたしは3時にし始めたのです。

② 我要玩儿三个小时。
　　Wǒ yào wánr sān ge xiǎoshí.

わたしは3時間するつもりです。

③ 我今天想玩儿游戏。
　　Wǒ jīntiān xiǎng wánr yóuxì.

わたしはきょうゲームがしたい。

❹ 我玩儿了三个小时。
　　Wǒ wánrle sān ge xiǎoshí.

わたしは3時間しました。

08 (5) 問：你明天打算怎么去火车站?
　　Nǐ míngtiān dǎsuan zěnme qù huǒchēzhàn?

あなたはあしたどうやって鉄道の駅に行くつもりですか。

答：① 地铁站离这儿很远。
　　Dìtiězhàn lí zhèr hěn yuǎn.

地下鉄の駅はここから遠いです。

❷ 我打算坐地铁去。
　　Wǒ dǎsuan zuò dìtiě qù.

わたしは地下鉄で行くつもりです。

③ 我去火车站买车票。
　　Wǒ qù huǒchēzhàn mǎi chēpiào.

わたしは鉄道の駅へチケットを買いに行きます。

④ 我打算两点到车站。
　　Wǒ dǎsuan liǎng diǎn dào chēzhàn.

わたしは2時に駅に着く予定です

2. 問いと答えだけで終わるのではなく，相手の答えに対してもう一度反応を示すことができるかどうかを問うています。

(5点×5)

10 (6) A：铃木，你打网球打得怎么样?

Língmù, nǐ dǎ wǎngqiú dǎde zěnmeyàng?

鈴木さん，あなたはテニスはどうですか。

B：我不会打网球，你呢?

Wǒ bú huì dǎ wǎngqiú, nǐ ne?

わたしはテニスはできません。あなたは？

A：① 我不会打篮球。

Wǒ bú huì dǎ lánqiú.

わたしはバスケットボールはできません。

② 我们一起打吧。

Wǒmen yìqǐ dǎ ba.

わたしたち一緒にやりましょう。

③ 我可以打一会儿。

Wǒ kěyǐ dǎ yíhuìr.

わたしは少しの時間ならできます。

❹ 我打得还可以。

Wǒ dǎde hái kěyǐ.

わたしはまあまあできます。

11 (7) A：我朋友明天要从上海回东京来。

Wǒ péngyou míngtiān yào cóng Shànghǎi huí Dōngjīng lai.

わたしの友達はあした上海から東京に戻って来ます。

B：是吗，她坐几点的飞机?

Shì ma, tā zuò jǐ diǎn de fēijī?

そうですか，彼女は何時の飛行機に乗るのですか。

A：① 她说要坐两个小时飞机。

Tā shuō yào zuò liǎng ge xiǎoshí fēijī.

彼女は2時間飛行機に乗ることになると言っています。

② 她说七点走就来不及了。

Tā shuō qī diǎn zǒu jiù láibují le.

彼女は7時に出るのでは間に合わないと言っています。

❸ 她说明天早上九点起飞。

Tā shuō míngtiān zǎoshang jiǔ diǎn qǐfēi.

彼女はあしたの朝9時のフライトだと言っています。

④ 她说飞机是昨天晚上到的。

Tā shuō fēijī shì zuótiān wǎnshang dào de.

彼女は飛行機はきのうの夜に着いたと言っています。

12 (8) A：我今天有点儿不舒服。

Wǒ jīntiān yǒudiǎnr bù shūfu.

わたしはきょう少し気分が悪いです。

B：是吗，你哪儿不舒服?

Shì ma, nǐ nǎr bù shūfu?

そうですか，どこが悪いのですか。

13

A: ① 我今天有点儿忙。
Wǒ jīntiān yǒudiǎnr máng.

わたしはきょう少し忙しいです。

❷ 我肚子有点儿疼。
Wǒ dùzi yǒudiǎnr téng.

わたしはお腹が少し痛いです。

③ 我家离医院很近。
Wǒ jiā lí yīyuàn hěn jìn.

わたしの家は病院から近いです。

④ 我今天没有上班。
Wǒ jīntiān méiyou shàngbān.

わたしはきょう仕事に行きませんでした。

13 (9) **A:** 这么晚了还看电视，今天的作业做完了吗？
Zhème wǎn le hái kàn diànshì, jīntiān de zuòyè zuòwán le ma?

こんなに遅いのにまだテレビを見ているなんて，きょうの宿題は終わったの？

B: 还没有呢，我看完电视剧就做。
Hái méiyou ne, wǒ kànwán diànshìjù jiù zuò.

まだだよ，テレビドラマを見終わったらやるよ。

A: ① 您慢点儿走，要注意安全。
Nín màn diǎnr zǒu, yào zhùyì ānquán.

お気を付けて，安全に注意してください。

❷ 快去做吧，不要睡得太晚了。
Kuài qù zuò ba, búyào shuìde tài wǎn le.

早くやりなさい。寝るのが遅くなってはいけません。

③ 早点儿起床吧，不要迟到了。
Zǎo diǎnr qǐchuáng ba, búyào chídào le.

早く起きなさい。遅刻してはいけません。

④ 不着急，看完电视剧再睡觉。
Bù zháojí, kànwán diànshìjù zài shuìjiào.

慌てることはないよ。テレビドラマを見終わってから寝なさい。

14 (10) **A:** 你在找什么呢？要我帮忙吗？
Nǐ zài zhǎo shénme ne? Yào wǒ bāngmáng ma?

あなたは何を捜しているの？手伝いましょうか。

B: 我的手机找不到了。你看见了吗？
Wǒ de shǒujī zhǎobudào le. Nǐ kànjiàn le ma?

わたしの携帯電話が見つからないのです。あなた見かけませんでしたか。

A: ① 你不是想去图书馆吗？
Nǐ bú shì xiǎng qù túshūguǎn ma?

あなたは図書館に行きたいのではありませんか。

❷ 你不是放在桌子上了吗？
Nǐ bú shì fàngzài zhuōzi shang le ma?

あなたは机の上に置いたのではありませんか。

14

③ 你不是记错号码了吗？
Nǐ bú shì jìcuò hàomǎ le ma?

④ 你不是忘了打电话了吗？
Nǐ bú shì wàngle dǎ diànhuà le ma?

あなたは番号を間違えたのではありませんか。

あなたは電話をかけ忘れたのではありませんか。

2 長文聴解

解答：(1) ❷　(2) ❹　(3) ❷　(4) ❶　(5) ❶　(6) ❸　(7) ❷　(8) ❷　(9) ❶　(10) ❸

(5点×5)

16 A：小王，(1)明天是星期六，你打算干什么？

Xiǎo Wáng, míngtiān shì xīngqīliù, nǐ dǎsuan gàn shénme?

B：上午去超市买东西，下午在家看书。

Shàngwǔ qù chāoshì mǎi dōngxi, xiàwǔ zài jiā kàn shū.

A：那咱们一起去吃晚饭吧！

Nà zánmen yìqǐ qù chī wǎnfàn ba!　5

B：好啊，就去车站附近的餐厅吧。

Hǎo a, jiù qù chēzhàn fùjìn de cāntīng ba.

A：吃面条儿还是炒饭？或者吃意大利菜？

Chī miàntiáor háishi chǎofàn? Huòzhě chī Yìdàlì cài?

B：(2)我最想吃水饺，但是在日本吃不到。

Wǒ zuì xiǎng chī shuǐjiǎo, dànshì zài Rìběn chībudào.　10

A：我知道一家中国餐厅，那里有水饺。

Wǒ zhīdao yì jiā Zhōngguó cāntīng, nàli yǒu shuǐjiǎo.

B：是吗，那家餐厅离这儿远不远？

Shì ma, nà jiā cāntīng lí zhèr yuǎn bu yuǎn?

17 A：(3)有点儿远，坐公交车大约十五分钟。

Yǒudiǎnr yuǎn, zuò gōngjiāochē dàyuē Shíwǔ fēn zhōng.　15

B：走着去要多长时间？

Zǒuzhe qù yào duō cháng shíjiān?

A：要半个小时。咱们骑自行车去，怎么样？

Yào bàn ge xiǎoshí. Zánmen qí zìxíngchē qù, zěnmeyàng?

B：真不巧，(4)我的自行车被同学借走了。

Zhēn bù qiǎo, wǒ de zìxíngchē bèi tóngxué jièzǒu le.　20

A：那咱们还是坐公交车去吧。

Nà zánmen háishi zuò gōngjiāochē qù ba.

B：行，咱们坐车去，(5)吃完饭走着回来。

Xíng, zánmen zuò chē qù, chīwán fàn zǒuzhe huílai.

A：好啊！正好可以散散步。　　　　　Hǎo a! Zhènghǎo kěyǐ sànsan bù.

B：那明天咱们在哪儿见面呢？　　　　Nà míngtiān zánmen zài nǎr jiànmiàn ne? 25

A：五点半你在学校门口等我，好吗？　Wǔ diǎn bàn nǐ zài xuéxiào ménkǒu děng wǒ, hǎo ma?

B：好的，那咱们不见不散！　　　　　Hǎo de, nà zánmen bújiàn-búsàn!

訳：

A：王さん，(1)あしたは土曜日だけど，きみは何をするつもり？

B：午前中にスーパーに買い物に行って，午後は家で本を読むわ。

A：それでは，一緒に晩ごはんを食べに行こうよ。

B：いいわね。駅の近くのレストランに行きましょう。

A：麺類にする？それともチャーハンにする？それともイタリア料理にする？

B：(2)わたしは水ギョーザがいちばん食べたいけど，日本では食べられないの。

A：ぼくはある中華料理店を知っているけど，そこには水ギョーザがあるよ。

B：そうなの？そのレストランはここから遠い？

A：(3)少し遠くて，バスで約15分なんだ。

B：歩いて行くとどのくらいかかるの？

A：30分かかる。自転車で行くのはどうだろう？

B：あいにく(4)わたしの自転車はクラスメートに借りて行かれてしまったの。

A：それではやはりバスで行こう。

B：いいわ，バスで行って，(5)食事をしてから歩いて帰りましょう。

A：いいね，ちょうど散歩にもなるね。

B：それではあしたはどこで待ち合わせる？

A：5時半に学校の正門でぼくを待っていてくれるかな？

B：わかったわ。それでは約束ね。

18 (1) 問：今天是星期几？　　　Jīntiān shì xīngqī jǐ?　　　きょうは何曜日ですか。

　　　答：① 星期六。　　　Xīngqīliù.　　　土曜日。

　　　　　❷ 星期五。　　　Xīngqīwǔ.　　　金曜日。

　　　　　③ 星期天。　　　Xīngqītiān.　　　日曜日。

　　　　　④ 星期四。　　　Xīngqīsì.　　　木曜日。

19 (2) 問：小王最想吃什么？　　　　　　　王さんは何をいちばん食べ
　　　　　Xiǎo Wáng zuì xiǎng chī shénme?　たがっていますか。

　　　答：① 意大利面条儿。Yìdàlì miàntiáor.　スパゲッティ。

② 日本面条儿。　　Rìběn miàntiáor.　　日本の麺類。

③ 中国炒饭。　　　Zhōngguó chǎofàn.　　中国のチャーハン。

❹ 中国水饺。　　　Zhōngguó shuǐjiǎo.　　中国の水ギョーザ。

20 (3) 問：去中国餐厅要多长时间？　　中華料理店に行くにはどの
Qù Zhōngguó cāntīng yào duō cháng shíjiān?　　くらいかかりますか。

答：① 骑自行车要三十分钟。　　自転車で 30 分かかる。
Qí zìxíngchē yào sānshí fēn zhōng.

❷ 坐公交车要十五分钟。　　バスで 15 分かかる。
Zuò gōngjiāochē yào shíwǔ fēn zhōng.

③ 走着去要十五分钟。　　歩いて 15 分かかる。
Zǒuzhe qù yào shíwǔ fēn zhōng.

④ 坐公交车要半个小时。　　バスで 30 分かかる。
Zuò gōngjiāochē yào bàn ge xiǎoshí.

21 (4) 問：他们为什么不骑自行车去？　　彼らはなぜ自転車で行かな
Tāmen wèi shénme bù qí zìxíngchē qù?　　いのですか。

答：❶ 因为小王的自行车被借走了。Yīnwei　　王さんの自転車が借りて行
Xiǎo Wáng de zìxíngchē bèi jièzǒu le.　　かれてしまったから。

② 因为小王不想骑自行车。　　王さんが自転車に乗りたく
Yīnwei Xiǎo Wáng bù xiǎng qí zìxíngchē.　　ないから。

③ 因为他们想一起去散步。　　彼らは一緒に散歩に行きた
Yīnwei tāmen xiǎng yìqǐ qù sànbù.　　いから。

④ 因为晚上骑自行车不安全。　　夜に自転車に乗ると危ない
Yīnwei wǎnshang qí zìxíngchē bù ānquán.　　から。

22 (5) 問：吃完晚饭后，他们打算怎么回来？　　夕ごはんを食べた後，彼ら
Chīwán wǎnfàn hòu, tāmen dǎsuan zěnme　　はどうやって帰って来るつ
huílai?　　もりですか。

答：❶ 走着回来。　　Zǒuzhe huílai.　　歩いて帰って来る。

② 坐车回来。　　Zuò chē huílai.　　バスで帰って来る。

③ 骑车回来。　　Qí chē huílai.　　自転車で帰って来る。

④ 开车回来。　　Kāichē huílai.　　車を運転して帰って来る。

小林由美さんが中国留学中に知り合ったボーイフレンドは東京に留学しに来て3年になります。

(5点×5)

③0　　我叫小林由美，是大学四年级的学生，(6)再过五个月我就要毕业了。我男朋友是中国留学生。(7)高中二年级时我在北京留学过一个月，我们是那时候认识的。后来，我们用微信交流，成为了好朋友。(8)他从小学开始学画画儿，特别喜欢日本的漫画，所以三年前来东京留学了。

③1　　男朋友来日本后，我们经常去旅行，去过北海道，还去过京都。前几天，5 (9)爸爸给我打电话，让我们新年回名古屋过年。这是我男朋友第一次去我家，不知道他会不会紧张。我男朋友来日本三年多了，还没有回过中国呢。他来日本后的第二年暑假就想回国，但因为飞机票太贵了，他买不起。今年是他来日本的第四年。他买好了飞机票准备回去，(10)但突然生病了，所以没能回国。他说明年一定要回去看爸爸妈妈。如果有时间的话，我也打算跟他一起去。　10

Wǒ jiào Xiǎolín Yóuměi, shì dàxué sì niánjí de xuésheng, zài guò wǔ ge yuè wǒ jiù yào bìyè le. Wǒ nánpéngyou shì Zhōngguó liúxuéshēng. Gāozhōng èr niánjí shí wǒ zài Běijīng liúxuéguo yí ge yuè, wǒmen shì nà shíhou rènshi de. Hòulái, wǒmen yòng wēixìn jiāoliú, chéngwéile hǎo péngyou. Tā cóng xiǎoxué kāishǐ xué huà huàr, tèbié xǐhuan Rìběn de mànhuà, suǒyǐ sān nián qián lái Dōngjīng liúxué le.

Nánpéngyou lái Rìběn hòu, wǒmen jīngcháng qù lǚxíng, qùguo Běihǎi Dào, hái qùguo Jīngdū. Qián jǐ tiān, bàba gěi wǒ dǎ diànhuà, ràng wǒmen xīnnián huí Mínggǔwū guònián. Zhè shì wǒ nánpéngyou dì-yī cì qù wǒ jiā, bù zhīdào tā huì bu huì jǐnzhāng. Wǒ nánpéngyou lái Rìběn sān nián duō le, hái méiyou huíguo Zhōngguó ne. Tā lái Rìběn hòu de dì-èr nián shǔjià jiù xiǎng huí guó, dàn yīnwei fēijīpiào tài guì le, tā mǎibuqǐ. Jīnnián shì tā lái Rìběn de dì-sì nián. Tā mǎihǎole fēijī piào zhǔnbèi huíqu, dàn tūrán shēngbìng le, suǒyǐ méi néng huí guó. Tā shuō míngnián yídìng yào huíqu kàn bàba māma. Rúguǒ yǒu shíjiān de huà, wǒ yě dǎsuan gēn tā yìqǐ qù.

訳：わたしは小林由美といい，大学の4年生で，(6)あと5か月するともう卒業です。わたしのボーイフレンドは中国の留学生です。(7)高校2年生のときにわたしは北京に1か月間留学し，わたしたちはそのとき知り合ったのです。その後，わたしたちはウィーチャットで連絡し合い，仲良くなりました。(8)彼は小学校から絵を習い始めて，特に日本の漫画が好きだったので，3年前に東京に留学しに来ました。

　ボーイフレンドが日本に来てから，わたしたちはよく旅行に行き，北海道に行ったこともあるし，京都にも行ったことがあります。数日前，(9)父がわたし

に電話をよこし，わたしたちにお正月には名古屋に帰って年越しするようにとのことでした。わたしのボーイフレンドにとっては初めてわたしの家に行くことになるので，彼は緊張するかもしれません。わたしのボーイフレンドは日本に来て３年余りになりますが，まだ中国に帰ったことがありません。彼は日本に来た翌年の夏休みに国に帰ろうと思ったのですが，航空券が高すぎて，買えませんでした。今年は日本に来て４年目です。彼は航空券をちゃんと買って帰るつもりでしたが，⑽突然病気になってしまったので，帰国できませんでした。彼は来年はきっと両親に会いに帰ると言っています。時間があれば，わたしも彼と一緒に行くつもりです。

32 (6) 問：小林还有多长时间毕业？　　　　　　　　小林さんはあとどのくらいし
　　　　Xiǎolín hái yǒu duō cháng shíjiān bìyè?　　たら卒業ですか。

　　答：① 三年。　　　　Sān nián.　　　　　　　　3年。

　　　　② 四年。　　　　Sì nián.　　　　　　　　　4年。

　　　　❸ 五个月。　　　Wǔ ge yuè.　　　　　　　5か月。

　　　　④ 一个月。　　　Yí ge yuè.　　　　　　　　1か月。

33 (7) 問：小林是什么时候跟男朋友认识的？　　　小林さんはいつボーイフレン
　　　　Xiǎolín shì shénme shíhou gēn nánpéngyou　ドと知り合ったのですか。
　　　　rènshi de?

　　答：① 大学一年级的时候。　　　　　　　　　大学1年生の時。
　　　　　Dàxué yī niánjí de shíhou.

　　　　❷ 高中二年级的时候。　　　　　　　　　高校2年生の時。
　　　　　Gāozhōng èr niánjí de shíhou.

　　　　③ 高中毕业的时候。　　　　　　　　　　高校を卒業した時。
　　　　　Gāozhōng bìyè de shíhou.

　　　　④ 大学四年级的时候。　　　　　　　　　大学4年生の時。
　　　　　Dàxué sì niánjí de shíhou.

34 (8) 問：小林的男朋友为什么来日本留学？　　　小林さんのボーイフレンドは
　　　　Xiǎolín de nánpéngyou wèi shénme lái　　なぜ日本へ留学に来たのです
　　　　Rìběn liúxué?　　　　　　　　　　　　　か。

　　答：① 因为女朋友在日本上学。　　　　　　　ガールフレンドが日本で学校
　　　　　Yīnwei nǚpéngyou zài Rìběn shàngxué.　に行っているから。

❷ 因为他喜欢日本的漫画。　　　　彼は日本の漫画が好きだから。
　　Yīnwei tā xǐhuan Rìběn de mànhuà.

③ 因为他学会了用微信交流。　　　彼はウィーチャットで交流で
　　Yīnwei tā xuéhuìle yòng wēixìn jiāoliú.　　きるようになったから。

④ 因为他在高中学过画画儿。　　　彼は高校で絵を描くことを学
　　Yīnwei tā zài Gāozhōng xuéguo huà huàr.　　んだことがあるから。

35 (9) 问：小林的老家在哪儿?　　　　　小林さんの故郷はどこですか。
　　　　Xiǎolín de lǎojiā zài nǎr?

　答：❶ 名古屋。　　Mínggǔwū.　　　名古屋。

　　② 京都。　　　Jīngdū.　　　　　京都。

　　③ 东京。　　　Dōngjīng.　　　　東京。

　　④ 北海道。　　Běihǎi Dào.　　　北海道。

36 (10) 问：小林的男朋友今年为什么没能回国?　小林さんのボーイフレンドは
　　　　Xiǎolín de nánpéngyou jīnnián wèi shénme　ことしなぜ帰国できなかった
　　　　méi néng huí guó?　　　　　　　のですか。

　答：① 因为要去女朋友家。　　　　ガールフレンドの家に行かな
　　　　Yīnwei yào qù nǚpéngyou jiā.　　ければならないから。

　　② 因为买不起飞机票。　　　　（お金がなくて）航空券が買
　　　　Yīnwei mǎibuqǐ fēijī piào.　　えないから。

　　❸ 因为他突然生病了。　　　　彼は突然病気になったから。
　　　　Yīnwei tā tūrán shēngbìng le.

　　④ 因为买不到飞机票。　　　　航空券が買えなかったから。
　　　　Yīnwei mǎibudào fēijī piào.

筆 記

1 ピンイン表記・声調

1．2音節の単語の声調パターンが身に付いているかどうかを問うています。単語を覚えるときは，漢字の書き方や意味だけでなしに声調もしっかり身に付けましょう。

(2点×5)

(1) 旅游 lǚyóu（観光をする）
- ① 体育 tǐyù （体育）
- ❷ 起床 qǐchuáng （起きる）
- ③ 美好 měihǎo （すばらしい）
- ④ 食堂 shítáng （食堂）

(2) 医生 yīshēng（医者）
- ① 经营 jīngyíng （経営する）
- ② 黄金 huángjīn （黄金）
- ❸ 公司 gōngsī （会社）
- ④ 和平 hépíng （平和）

(3) 电影 diànyǐng（映画）
- ① 房间 fángjiān （部屋）
- ❷ 外语 wàiyǔ （外国語）
- ③ 饭店 fàndiàn （ホテル，レストラン）
- ④ 地图 dìtú （地図）

(4) 报告 bàogào（報告する）
- ① 历史 lìshǐ （歴史）
- ② 健康 jiànkāng （健康である）
- ③ 跑步 pǎobù （ジョギングする）
- ❹ 重要 zhòngyào （重要である）

(5) 加油 jiāyóu
　　（給油する，がんばる）
- ① 结婚 jiéhūn （結婚する）
- ❷ 生活 shēnghuó （生活）
- ③ 商场 shāngchǎng （マーケット）
- ④ 成功 chénggōng （成功する）

2. ピンインを正確に覚えているかどうかを問うています。正しく発音することができるかどうかは，ピンインによるチェックが効果的です。　　　　（2点×5）

(6) 商店（店）

  ❶ shāngdiàn　　② shāngtiàn　　③ xiāngdiàn　　④ xiāngtiàn

(7) 水果（果物）

  ① shuǐgǒu　　❷ shuǐguǒ　　③ suǐgǒu　　④ suǐguǒ

(8) 交通（交通）

  ① qiāotōng　　② jiāotēng　　③ qiāotēng　　❹ jiāotōng

(9) 方便（便利だ）

  ❶ fāngbiàn　　② fāngpián　　③ fàngpiàn　　④ fàngpián

(10) 打扫（掃除する）

  ① dàsào　　❷ dǎsǎo　　③ dǎsǒu　　④ dàsǒu

---

2 空欄補充

> 解答：(1) ❸　(2) ❷　(3) ❹　(4) ❶　(5) ❷　(6) ❶　(7) ❸　(8) ❷　(9) ❹　(10) ❶

空欄に入る語はいずれも文法上のキーワードです。　　　　（2点×10）

(1) 这（ 双 ）鞋又好看又便宜。　　　　この靴はきれいだし安い。
　　Zhè shuāng xié yòu hǎokàn yòu piányi.

  ① 张 zhāng　　② 支 zhī　　❸ 双 shuāng　　④ 件 jiàn

> 　量詞（助数詞）の問題です。対になっているものを数える"双"を選びます。"张"は張った平らな面を持つものを，"支"は棒状のものなどを，"件"は上着や事柄などを数えます。

(2) 你怎么这么晚（ 才 ）来呢?　　　　あなたはどうしてこんなに遅く
　　Nǐ zěnme zhème wǎn cái lái ne?　　　来たのですか。

  ① 就 jiù　　❷ 才 cái　　③ 再 zài　　④ 又 yòu

> 　副詞の問題です。"这么晚"を受けて"才"（やっと）を選びます。"就"は「すぐに」，"再"は「（これから行われることについて）また」，"又"は「（すでに行われたことについて）また」という意味です。

(3) 能不能（ 把 ）你的词典借我用一下？ あなたの辞典をちょっと貸して
Néng bu néng bǎ nǐ de cídiǎn jiè wǒ yòng yíxià? いただけますか。

① 给 gěi　　　② 使 shǐ　　　③ 让 ràng　　　❹ 把 bǎ

> 「…を」という処置の意を表す介詞（前置詞）"把"を選びます。"给"は「与える」の意を表す動詞あるいは「…に」という動作が行われる対象を表す介詞として用いられます。"使"は「使う」あるいは「…に…させる」の意を表す使役動詞です。"让"は「譲る」あるいは「…に…させる」の意を表す使役動詞です。また「…に…される」という受け身の意味を表す介詞としても用いられます。

(4) 我只是感冒了，你（ 不用 ）担心。 わたしはただ風邪をひいただけ
Wǒ zhǐshì gǎnmào le, nǐ búyòng dānxīn. ですから，あなたはご心配なく。

❶ 不用 búyòng　② 不想 bù xiǎng　③ 不能 bù néng　④ 不行 bùxíng

> 文脈から"不用"（…しなくてもよい）を選びます。"不想"は「…したくない」，"不能"は「…できない」あるいは「…してはいけない」，"不行"は「いけない」という意味です。

(5) 我想她过（ 一会儿 ）就会来的。 彼女は少ししたら来ると思います。
Wǒ xiǎng tā guò yíhuìr jiù huì lái de.

① 一点儿 yìdiǎnr　　　　　　❷ 一会儿 yíhuìr
③ 一块儿 yíkuàir　　　　　　④ 一边儿 yìbiānr

> 「しばらくの間」という時間的に「少し」の意味を表し，動詞の後に用いられる"一会儿"を選びます。"一点儿"は形容詞や動詞の後に置かれ「少し（わずかな量）」，"一块儿"は「一緒に」，"一边儿"は「一方」あるいは「そば」という意味です。"过一会儿"は「少しの時間が経過する」という意味です。

(6) 我的书包（ 被 ）人拿走了。 わたしのかばんは誰かに持って行かれました。
Wǒ de shūbāo bèi rén názǒu le.

❶ 被 bèi　　　② 对 duì　　　③ 离 lí　　　④ 向 xiàng

> 介詞の問題です。受け身文の動作主を導く"被"を選びます。"被"は「…される」，"对"は「…に対して，…について」と動作の対象を，"离"

は空間的・時間的隔たりの基点を導き「…から」, "向" は「…に向かって」
と動作の方向を導きます。

(7) 明天发表高考成绩，我等（　着　）你的好消息。 あしたは大学入試の発表です
Míngtiān fābiǎo gāokǎo chéngjì, wǒ děngzhe nǐ ね。あなたの良い知らせを
de hǎo xiāoxi. 待っています。

　　① 了 le 　　　② 过 guo 　　　❸ 着 zhe 　　　④ 得 de

　　助詞の問題です。動作や状態の持続を表す動態助詞 "着" を選びます。
"了" は動作や状態の完了を表す動態助詞，"过" は動作の経過や経験を
表す動態助詞，"得" は動詞や形容詞の後に用いて結果や程度を表す様
態補語を導く助詞です。

(8) 这个菜吃（　起来　）味道不错。 この料理は食べてみると，味
Zhège cài chīqilai, wèidao búcuò. はわるくない。

　　① 上来 shanglai 　❷ 起来 qilai 　　③ 过来 guolai 　　④ 出来 chulai

　　複合方向補語の派生的用法の問題です。"上来" は「低い所から高い
所へ上がってくる」が原義ですが，あるいは「その行為をうまく成し遂
げて成果を上げる」「出現する」, "起来" は「低い所から高い所へ向かう」
あるいは「動作や状況が始まり，そのまま持続する」「実際にその動作
を行う」, "过来" は「向こうからこちらへやってくる」あるいは「正常
な状態に向かう」, "出来" は「中から外へ出てくる」あるいは「動作の
結果が現れる」という意味です。「実際に食べてみる」の意を表す "起来"
を選びます。

(9) 字写得太小，我看（　不　）清楚。 字が小さすぎて，わたしは
Zì xiěde tài xiǎo, wǒ kànbuqīngchu. はっきり読めません。

　　① 也 yě 　　　② 都 dōu 　　　③ 没 méi 　　　❹ 不 bù

　　「動詞＋"不"＋補語」で「…できない」という可能補語の否定形を作
る "不" を選びます。"也" は「…も」，"都" は「みな」，"没" は「…
していない」という意味です。

(10) 这个道理（　连　）三岁的小孩子都懂。 この道理は3歳の子どもでさ
Zhège dàoli lián sān suì de xiǎoháizi dōu dǒng. え分かります。

❶ 连 lián 　　② 跟 gēn 　　③ 对 duì 　　④ 就 jiù

> "都" と呼応して "连…都…" で「…さえもみな…」という強調表現
> を作る "连" を選びます。"跟" は動作の相手を導く「…と」，"对" は
> 動作の対象を導く「…に対して」，"就" は「すぐに」という意味です。

---

3 語順選択

> 解答：(1)**❸**　(2)**❶**　(3)**❸**　(4)**❷**　(5)**❹**　(6)**❷**　(7)**❹**　(8)**❶**　(9)**❸**　(10)**❸**

1．文法上のキーワードを含む基本的な文を正確に組み立てることができるかどう
かを問うています。　　　　　　　　　　　　　　　　　　　　　　　（2点×5）

(1) テーブルにはワインが2本置いてあります。

　① 餐桌上放着葡萄酒两瓶。

　② 餐桌上两瓶放着葡萄酒。

　❸ 餐桌上放着两瓶葡萄酒。Cānzhuō shang fàngzhe liǎng píng pútaojiǔ.

　④ 餐桌上两瓶葡萄酒放着。

> 　　何かあるいは誰かが存在したり出現したりすることを表す文を存現文
> といい，語順は「場所や時間を表す語＋動詞＋その他の成分＋モノ・人」
> です。

(2) わたしもあそこへは行きたくありません。

　❶ 我也不想去那个地方。Wǒ yě bù xiǎng qù nàge dìfang.

　② 我想不也去那个地方。

　③ 我也去不想那个地方。

　④ 我想不去也那个地方。

> 　　副詞 "也" は動詞句の前に置きます。「行きたくない」は "不想去"
> の語順です。

(3) がんばり続けさえすれば，きっと成功します。

　① 坚持下去只要，会一定成功的。

　② 只要下去坚持，一定成功会的。

　❸ 只要坚持下去，一定会成功的。

　　Zhǐyào jiānchíxiaqu, yídìng huì chénggōng de.

④ 只要坚持下去，成功一定会的。

> 「…しさえすれば」は「"只要" + 動詞句」で表します。「…するはずだ」は助動詞"会"を動詞句の前に置きます。

(4) 妻はどうしてもわたしにお酒を飲ませてくれません。
①　我爱人怎么也让我不喝酒。
❷　我爱人怎么也不让我喝酒。 Wǒ àiren zěnme yě bú ràng wǒ hē jiǔ.
③　我爱人让我怎么也不喝酒。
④　我爱人让我也怎么不喝酒。

> 「…に…させる」は「"让" + 人 + 動詞句」の語順で，否定を表す"不"は使役動詞"让"の前に置きます。"怎么也"は"不让我喝酒"全体を修飾しますから主語の後に置きます。

(5) ここに公園があることを知っている人はあまりいません。
①　知道的人不太多这儿有公园。
②　这儿有公园不太多知道的人。
③　不太多知道的人这儿有公园。
❹　知道这儿有公园的人不太多。

Zhīdao zhèr yǒu gōngyuán de rén bú tài duō.

> "知道这儿有公园"という動詞句が連体修飾語として主語"人"を修飾するためには動詞句と主語の間に"的"が必要です。述語「あまりいません」は部分否定"不太"を用いて"不太多"とします。

2. 与えられた語句を用いて正確に文を組み立てることができるかどうかを問うています。

(2点×5)

(6) 上海の春は東京と同じくらい暖かい。

上海的春天　③　跟　④　东京　[　❷　一样　]　①　暖和。

Shànghǎi de chūntiān gēn Dōngjīng yíyàng nuǎnhuo.

> 「AはBと同じくらい…だ」は「A + "跟" + B + "一样" + …」です。

26

⑺ あなたは今後決して遅刻してはいけませんよ。

你以后　② 千万　［ ❹ 不要 ］　③ 迟到　① 了。

Nǐ yǐhòu qiānwàn búyào chídào le.

> 　禁止を表すには"不要…"を用います。副詞"千万"はその前に置きます。文末に助詞"了"を置くことにより，すでに発生している動作を中止するようにという気持ちが加わっています。

⑻ こんなにたくさんの仕事をわたしは1日ではやり終えられません。

这么多工作我　② 一天　③ 做　④ 不　［ ❶ 完 ］。

Zhème duō gōngzuò wǒ yì tiān zuòbuwán.

> 　「やり終えることができない」は可能補語の否定形を用いて，"做不完"とします。「動詞＋"不"＋結果補語」で可能補語の否定形をつくります。"一天"は時間量として動詞の前に置きます。

⑼ わたしは碁があまり上手ではありません。

我下围棋　［ ❸ 下 ］　① 得　② 不太　④ 好。

Wǒ xià wéiqí xiàde bú tài hǎo.

> 　"不太好"は"下"の様態補語で，構造助詞"得"を用いて「動詞＋"得"＋補語（動作の仕方を説明、描写する）」の語順で表現します。目的語がある場合，目的語の後に動詞を繰り返すことが必要で，"下围棋下得不太好"とします。

⑽ この子はなんとかわいいのでしょう。

② 这孩子　④ 多么　［ ❸ 可爱 ］　① 呀!

Zhè háizi duōme kě'ài ya!

> 　「なんと…だろう」は"多么…啊!"という感嘆文を用いて表します。文末が"呀"となっているのは直前の［i］の音の影響を受けて，発音しやすいように語気助詞が変化したためです。

解答：(1)❸ (2)❷ (3)❶ (4)❷ (5)❸ (6)❹

まとまった内容の長文を正確に理解できるかどうかを問うています。

　说起武汉大学，人们会想到樱花。在武汉大学的校园里有一 (1)条 樱花大道，全长六百多米，两侧种植着一千多棵樱花树。每年 3 月中旬到 4 月上旬，武汉大学举办樱花节，校园对外开放，都会有百万游客到校园来观赏樱花。

　武汉大学的樱花 (2)跟 中日两国的近代历史有密切关系。1939 年，日 5 本人在校园里种了三十棵樱花树，这是武汉大学樱花的最初由来。1972 年中日邦交正常化时，作为日中世代友好的象征，田中角荣首相向中国赠送了一千棵樱花树。 (3)因为 当时的国务院总理周恩来曾经在武汉大学居住过，知道校园里有樱花树，于是决定把一千棵樱花树的一部分送给了武汉大学。现在武汉大学校园里的一千多棵樱花树， (4)除了 日本友好人士赠送的以外，10 还有不少是大学的园林工匠自己培育的。

　樱花只有几天的花期，瞬息之间花开又花落。由此，(6)有的人联想到生命的短暂，感悟出人生的悲壮和凄凉；有的人看到盛开的樱花，就 (5)好像 进入到桃花源的世界里一样，感受到生活的快乐和浪漫。

　Shuōqǐ Wǔhàn Dàxué, rénmen huì xiǎngdào yīnghuā. Zài Wǔhàn Dàxué de xiàoyuán li yǒu yì tiáo yīnghuā dàdào, quáncháng liùbǎi duō mǐ, liǎngcè zhòngzhízhe yìqiān duō kē yīnghuāshù. Měi nián sānyuè zhōngxún dào sìyuè shàngxún, Wǔhàn Dàxué jǔbàn Yīnghuā Jié, xiàoyuán duì wài kāifàng, dōu huì yǒu bǎiwàn yóukè dào xiàoyuán lái guānshǎng yīnghuā.

　Wǔhàn Dàxué de yīnghuā gēn Zhōng-Rì liǎng guó de jìndài lìshǐ yǒu mìqiè guānxi. Yījiǔsānjiǔ nián, Rìběnrén zài xiàoyuán li zhòngle sānshí kē yīnghuāshù, zhè shì Wǔhàn Dàxué yīnghuā de zuìchū yóulái. Yījiǔqī'èr nián Zhōng-Rì bāngjiāo zhèngchánghuà shí, zuòwéi Rì-Zhōng shìdài yǒuhǎo de xiàngzhēng, Tiánzhōng Jiǎoróng shǒuxiàng xiàng Zhōngguó zèngsòngle yìqiān kē yīnghuāshù. Yīnwei dāngshí de Guówùyuàn Zǒnglǐ Zhōu Ēnlái céngjīng zài Wǔhàn Dàxué jūzhùguo, zhīdao xiàoyuán li yǒu yīnghuāshù, yúshì juédìng bǎ yìqiān kē yīnghuāshù de yíbùfen sònggěile Wǔhàn Dàxué. Xiànzài Wǔhàn Dàxué xiàoyuán li de yìqiān duō kē yīnghuāshù, chúle Rìběn yǒuhǎo rénshì zèngsòng de yǐwài, hái yǒu bù shǎo shì dàxué de yuánlín gōngjiàng zìjǐ péiyù de.

Yīnghuā zhǐ yǒu jǐ tiān de huāqī, shùnxī zhī jiān huā kāi yòu huā luò. Yóucǐ, yǒude rén liánxiǎngdào shēngmìng de duǎnzàn, gǎnwùchū rénshēng de bēizhuàng hé qīliáng; yǒude rén kàndào shèngkāi de yīnghuā, jiù hǎoxiàng jìnrùdào táohuāyuán de shìjiè li yíyàng, gǎnshòudào shēnghuó de kuàilè hé làngmàn.

訳:武漢大学と言えば,人々は桜の花を思い浮かべるはずです。武漢大学のキャンパスには桜通りがあり,全長600メートル余りで,両側には1000本余りの桜の木が植えてあります。毎年3月中旬から4月上旬まで,武漢大学では桜祭りが行われ,キャンパスは開放され,いつも百万人もの観光客が桜を見にキャンパスにやってきます。

武漢大学の桜は中日両国の近代史と密接な関係があります。1939年,日本人がキャンパスに30本の桜の木を植えました。これが武漢大学の桜の最初の由来です。1972年の中日国交正常化のとき,日中の世々代々に渡る友好の象徴として,田中角栄首相は中国に1000本の桜の木を贈りました。当時の国務院総理であった周恩来はかつて武漢大学に住んでいたことがあり,キャンパス内に桜の木があることを知っており,そこで1000本の桜の木の一部を武漢大学に贈ることを決めました。現在,武漢大学のキャンパス内の1000本あまりの桜の木は,日本の友好人士が贈ったもの以外に,大学の造園技師が自分たちで育てたものも少なくありません。

桜は花の咲く時期は数日しかなく,瞬時に花は咲き,そして散ってしまいます。それゆえ,(6)ある人は命の短さを連想し,人生の悲壮さともの悲しさを感じますし,ある人は咲き誇る桜を見ると,まるで桃源郷の世界に入り込んだかのようで,生きることの楽しさとロマンを感じるのです。

(1) 空欄補充 (3点)

① 通 tōng　② 本 běn　❸ 条 tiáo　④ 所 suǒ

　量詞の問題です。"通"は文書や電報などを,"本"は書物など冊子状のものを,"条"は道路や川など細長いものを,"所"は家屋・学校・病院などを数えます。"櫻花大道"は「大通り」ですから数える量詞は"条"です。

(2) 空欄補充 (3点)

① 给 gěi　❷ 跟 gēn　③ 对 duì　④ 为 wèi

　介詞の問題です。"给"は動作を行う相手を導く「…へ」,"跟"は関係の有無が問題となる人や物を導く「…と」,"对"は動作を行う対象を導く「…に対して」,"为"は「…ために」と行為の対象を導きます。"櫻

花”と密接な関係があるという“中日两国的近代历史”を導く“跟”を
選びます。

(3) 空欄補充 (3点)

❶ 因为 yīnwei ② 只要 zhǐyào ③ 虽然 suīrán ④ 如果 rúguǒ

　　接続詞の問題です。“因为”は「…なので」,“只要”は「…しさえす
れば…」,“虽然”は「…だけれども」,“如果”は「もし…ならば」とい
う意味です。後にある“于是”以下の結果と呼応してその理由が述べら
れる“因为”を選びます。

(4) 空欄補充 (3点)

① 除非 chúfēi ❷ 除了 chúle ③ 不仅 bùjǐn ④ 不光 bùguāng

　　“除非”は「…しない限り（…しない）」と唯一条件を，“除了”は「…
を除いて」と条件を，“不仅”は「…ばかりでなく」,“不光”は「…ば
かりでなく」と累加関係の意味です。“除了”は後の“以外”との組み
合わせで「…のほかに」という意味を表します。

(5) 空欄補充 (4点)

① 刚才 gāngcái ② 比如 bǐrú ❸ 好像 hǎoxiàng ④ 相似 xiāngsì

　　“好像…一样”で「まるで…のようだ」という意味になります。“刚才”
は「さきほど」,“比如”は「例えば…」,“相似”は「似ている」という
意味です。

(6) 内容一致 (4点)

① 武汉大学的校园全年都向游客们开放。
　　Wǔhàn Dàxué de xiàoyuán quánnián dōu xiàng yóukèmen kāifàng.
　　武漢大学のキャンパスは 1 年中，観光客に開放されている。

② 周恩来把一千颗樱花树给了武汉大学。
　　Zhōu Ēnlái bǎ yìqiān kē yīnghuāshù gěile Wǔhàn Dàxué.
　　周恩来は 1000 本の桜の木を武漢大学に贈った。

③ 武汉大学的樱花都是由日本人赠送的。
　　Wǔhàn Dàxué de yīnghuā dōu shì yóu Rìběnrén zèngsòng de.
　　武漢大学の桜はみな日本人が贈ったものである。

❹ 樱花可以让人感觉出不同的人生观念。

Yīnghuā kěyǐ ràng rén gǎnjuéchū bù tóng de rénshēng guānniàn.

桜は人に異なる人生観を感じさせる。

12～14行目に "有的人联想到生命的短暂，感悟出人生的悲壮和凄凉；有的人看到盛开的樱花，就好像进入到桃花源的世界里一样，感受到生活的快乐和浪漫。"とあり，人それぞれの桜に対する感性が述べられていることから④が一致します。2～3行目の "每年3月中旬到4月上旬，武汉大学举办樱花节，校园对外开放"，9行目の "决定把一千棵樱花树的一部分送给了武汉大学"，11行目の "不少是大学的园林工匠自己培育的"から①②③は一致しません。

5 日文中訳 (4点×5)

(1) あなたは週に何回中国語の授業がありますか。

你一个星期有几次汉语课？

Nǐ yí ge xīngqī yǒu jǐ cì Hànyǔ kè?

「何回の授業がある」は "有几次课" とします。動詞は "上" を用いて "上几次课" としてもかまいません。"一个星期" は動詞（句）の前に置きます。

(2) わたしはあした行く時間がありません。

我明天没有时间去。

Wǒ míngtiān méiyǒu shíjiān qù.

「行く時間がない」は "没有去的时间" でも誤りではありませんが，自然な中国語の表現は "没有时间去" です。"明天" という時間を表す語は動詞句の前，あるいは文頭に置きます。

(3) きょうはきのうより少し暑い。

今天比昨天热一点儿。

Jīntiān bǐ zuótiān rè yìdiǎnr.

「AはBより…だ」という比較文は「A＋"比"＋B＋形容詞＋補語（差異を表す）」の語順で表します。「暑い」は形容詞 "热" を用います。「少

31

し」は数量詞の“一点儿”と副詞の“有点儿”がありますが，比較文には“一点儿”を用い，「形容詞＋“一点儿”」の語順にします。

(4) 彼らはもうすぐ卒業します。

他们快要毕业了。

Tāmen kuàiyào bìyè le.

「もうすぐ…する」という事態の出現が差し迫っていること，間もなくそうなることを表すには“(快)要…了”の文型を用いて表します。“快要”は“快”だけ，あるいは“要”だけでもかまいません。また，“就要”とすることもできます。通常は文末に“了”が置かれます。

(5) わたしは中国映画を観たことがありません。

我没有看过中国电影。

Wǒ méiyou kànguo Zhōngguó diànyǐng.

「…したことがある」という経験を表すには動詞の後に動態助詞“过”をつけます。「…したことない」と否定するときには「“没(有)”＋動詞＋“过”」の語順です。

第109回
(2023年6月)

問　題

　　解答時間：計 100 分

　　配点：リスニング 100 点，筆記 100 点

解答と解説

03 **1** 1. (1)〜(5)の問いの答えとして最も適当なものを，①〜④の中から1つ選びなさい。

(25点)

04 (1)

① ② ③ ④

05 (2)

① ② ③ ④

06 (3)

① ② ③ ④

07 (4)

① ② ③ ④

08 (5)

① ② ③ ④

09 2. (6)〜(10)のAとBの対話を聞き，それに続くAの発話として最も適当なものを，①〜④の中から1つ選びなさい。

(25点)

10 (6)

① ② ③ ④

11 (7)

① ② ③ ④

12 (8)

① ② ③ ④

13 (9)

① ② ③ ④

14 (10)

① ② ③ ④

2 中国語を聞き，(1)〜(10)の問いの答えとして最も適当なものを，①〜④の中から1つ選びなさい。 (50点)

(1)〜(5)の問いは音声のみで，文字の印刷はありません。

(1)
①   ②   ③   ④

(2)
①   ②   ③   ④

(3)
①   ②   ③   ④

(4)
①   ②   ③   ④

(5)
①   ②   ③   ④

32

39

(6) 田中和李萌是什么时候成为好朋友的?

    ①   ②   ③   ④

33

40

(7) 李萌回北京时，田中给李萌什么了?

    ①   ②   ③   ④

34

41

(8) 李萌为什么会说日语?

    ①   ②   ③   ④

35

42

(9) 田中见到李萌为什么非常高兴?

    ①   ②   ③   ④

36

43

(10) 明年暑假她们要去哪儿?

    ①   ②   ③   ④

1 1. (1)～(5)の中国語と声調の組み合わせが同じものを，①～④の中から１つ選びなさい。 (10点)

(1) 高兴　　① 需要　　② 条件　　③ 门口　　④ 餐厅

(2) 游泳　　① 回答　　② 牛奶　　③ 温暖　　④ 开始

(3) 简单　　① 考试　　② 法律　　③ 语言　　④ 手机

(4) 幸福　　① 办法　　② 厕所　　③ 地图　　④ 健康

(5) 国家　　① 熊猫　　② 愉快　　③ 文化　　④ 欢迎

2. (6)～(10)の中国語の正しいピンイン表記を，①～④の中から１つ選びなさい。

(10点)

(6) 旅行　　① lǚxīng　　② lǔxíng　　③ lǐxīng　　④ lǚxíng

(7) 丰富　　① fēnfù　　② fēnhù　　③ fēngfù　　④ fēnghù

(8) 参观　　① cānguān　　② kāngān　　③ cānguàn　　④ kāngàn

(9) 滑雪　　① huáxué　　② huóxué　　③ huáxuě　　④ huóxuě

(10) 眼镜　　① yǎnjìng　　② yǎnjing　　③ yǎngjìng　　④ yǎngjing

2 (1)〜(10)の中国語の空欄を埋めるのに最も適当なものを，①〜④の中から1つ選び
なさい。 (20点)

(1) 你看，他们在（　　　　）这边看呢。

　①到　　　　　②对　　　　　③往　　　　　④从

(2) 我把课本忘（　　　　）教室里了。

　①在　　　　　②有　　　　　③到　　　　　④去

(3) 她笑（　　　　）说：“你喜欢什么，随便拿！”

　①得　　　　　②着　　　　　③地　　　　　④的

(4) 明天（　　　　）考试了，你怎么还在看电视？

　①就要　　　　②立刻　　　　③如果　　　　④因为

(5) 这些事你（　　　　）担心，好好儿休息吧。

　①不好　　　　②不是　　　　③不用　　　　④不会

(6) 到（　　　　）东京，我们先去浅草吧。

　①的　　　　　②过　　　　　③了　　　　　④好

(7) 爸爸不（　　　　）我一个人去游泳。

　①让　　　　　②被　　　　　③使　　　　　④把

(8) 这个苹果（　　　　）酸，不过很好吃。

　①一点儿　　　②一会儿　　　③一下儿　　　④有点儿

(9) 你把车票放好，（　　　　）丢了。

　①别　　　　　②不　　　　　③没　　　　　④就

(10) 我（　　　　）给田中打电话，他（　　　　）问我日语学得怎么样了。

　①因为…所以…　②虽然…但是…　③一…就…　④又…又…

38

3 　1. (1)〜(5)の日本語の意味に合う中国語を，①〜④の中から１つ選びなさい。

(10点)

(1) 彼らはみんな歩いて教室に入ってきた。

① 他们都走进教室来了。

② 他们都走进了来教室。

③ 他们都走了进教室来。

④ 他们教室都走进来了。

(2) そこにおばあさんが１人座っている。

① 老奶奶一个那里坐着。

② 坐着那里一个老奶奶。

③ 那里坐着一个老奶奶。

④ 一个老奶奶坐着那里。

(3) 彼女はすでにケーキを全部食べてしまった。

① 她都把蛋糕已经吃完了。

② 她已经把蛋糕都吃完了。

③ 她把蛋糕吃完了都已经。

④ 她已经都吃完了把蛋糕。

(4) 誰もが中国へ留学に行きたがっている。

① 谁想都去留学中国。

② 谁都留学中国想去。

③ 谁都想去中国留学。

④ 谁想去留学都中国。

(5) わたしたちは早めに準備をしておかなければならない。

① 我们要早点儿做好准备。

② 要做好早点儿我们准备。

③ 做好准备我们要早点儿。

④ 我们准备要做好早点儿。

2. (6)～(10)の日本語の意味になるように①～④を並べ替えたときに，[　　] 内に
入るものを選びなさい。 (10点)

(6) きょうわたしは自転車を学校に置いてきた。

今天我_____ [　　　] _____ _____去了。

① 自行车　　　② 学校　　　③ 放到　　　④ 把

(7) 彼女はギョーザを作るのが上手ですか。

她包_____ _____ [　　　] _____?

① 得　　　② 包　　　③ 好不好　　　④ 饺子

(8) 質問があったら，わたしに聞いてください。

有问题，你_____ [　　　] _____ _____!

① 来　　　② 我　　　③ 可以　　　④ 问

(9) わたしたちが泊まるホテルは駅のそばにあります。

我们住[　　　] _____ _____ _____。

① 在　　　② 旅馆　　　③ 车站旁边　　　④ 的

(10) この冬，わたしは3回スキーに行きました。

这个冬天，我去_____ _____ [　　　] _____。

① 了　　　② 三次　　　③ 雪　　　④ 滑

4 次の文章を読み，(1)〜(6)の問いの答えとして最も適当なものを，①〜④の中から
1つ選びなさい。 (20点)

　　每年过年的时候，亲戚朋友都给芳芳压岁钱。

　　小时候的芳芳不知道钱是什么，常常拿在手里玩儿，玩儿着玩儿着钱 (1)
成碎纸了。

　　芳芳长大了。现在的她 (2) 都不喜欢，只喜欢钱了，而且她要自己保管
压岁钱。别人直接给她的，她就自己收好；要是别人递到大人手里，等别人走了
以后，她一定会要回去自己保管。

　　一天，妈妈看见芳芳手里拿着一个自己没见过的玩具，就问："这是谁给你
的？""我自己买的。""谁给你的钱？""我自己的钱！"

　　妈妈越想越不安，芳芳手里有了钱，以后 (3) 去网吧？去游戏厅？ (3)
买不好的书？……晚上，芳芳睡着了，妈妈悄悄地找芳芳的压岁钱，口袋里，书
包里，找来找去都没有看到钱，最后 (4) 开芳芳桌子的抽屉，看见最上面有
一个硬皮本子。妈妈拿起本子翻了几页，里面夹着几张百元的人民币。就在那一
页，芳芳用稚气的字写着："今天电视上那么多人在 (5) 灾区捐款捐物，我也
要把我的压岁钱捐给灾区，帮助那里的爷爷奶奶、叔叔阿姨，还有许许多多的小
朋友……"

(1) 空欄(1)を埋めるのに適当なものはどれか。

① 才　　　　　② 就　　　　　③ 被　　　　　④ 让

(2) 空欄(2)を埋めるのに適当なものはどれか。

① 什么　　　　② 怎么　　　　③ 怎么样　　　④ 哪儿

(3) 2か所の空欄(3)を埋めるのに適当な同一の語はどれか。

① 要不要　　　② 会不会　　　③ 行不行　　　④ 有没有

(4) 空欄(4)を埋めるのに適当なものはどれか。

① 引　　　　　② 带　　　　　③ 放　　　　　④ 拉

(5) 空欄(5)を埋めるのに適当なものはどれか。

① 都　　　　　　② 和　　　　　　③ 向　　　　　　④ 跟

(6) 本文の内容と**一致しないもの**はどれか。

① 小时候的芳芳经常拿着钱玩儿。

② 芳芳的压岁钱夹在一个硬皮本子里。

③ 芳芳想帮助灾区的爷爷奶奶和小朋友们。

④ 芳芳喜欢钱是因为想给自己买玩具。

5　(1)～(5)の日本語を中国語に訳し，漢字（簡体字）で書きなさい。
　　（漢字は崩したり略したりせずに書き，文中・文末には句読点や疑問符をつけること。）

(20点)

(1) お父さんは先週東京から帰って来られたのですか。

(2) 姉はよく音楽を聴きながら，宿題をします。

(3) 彼はわたしより2歳年上です。

(4) ここから駅まであまり遠くありません。

(5) わたしのパソコンは兄に持って行かれてしまいました。

---

1 会 話

解答：(1)**②** (2)**①** (3)**②** (4)**②** (5)**③** (6)**③** (7)**④** (8)**③** (9)**②** (10)**④**

1. 日常会話でよく使われる問いに対し，正確に答えることができるかどうかを問うています。 (5点×5)

04 (1) 問：你能听懂她说的汉语吗？ あなたは彼女が話す中国語を聞いて理解できますか。
　　　　 Nǐ néng tīngdǒng tā shuō de Hànyǔ ma?

　　答：① 说得太好了，你也说一遍吧。 よく言った！あなたも一度言ってみたら。
　　　　　 Shuōde tài hǎo le, nǐ yě shuō yíbiàn ba.

　　　　② 有点儿难，你怎么样？ 少し難しい。あなたはどうですか。
　　　　　 Yǒudiǎnr nán, nǐ zěnmeyàng?

　　　　③ 汉语很难，你会吗？ 中国語は難しいが，あなたはできますか。
　　　　　 Hànyǔ hěn nán, nǐ huì ma?

　　　　④ 说得太快，你能慢点儿吗？ 話すのが速すぎるので少しゆっくり話してくれますか。
　　　　　 Shuōde tài kuài, nǐ néng màn diǎnr ma?

05 (2) 問：你上午给小张打电话了没有？ あなたは午前中張さんに電話をかけましたか。
　　　　 Nǐ shàngwǔ gěi Xiǎo Zhāng dǎ diànhuà le méiyou?

　　答：**①** 对不起，我忘了。 ごめんなさい，忘れました。
　　　　　 Duìbuqǐ, wǒ wàng le.

　　　　② 对不起，我看过了。 すみません，見終えました。
　　　　　 Duìbuqǐ, wǒ kànguo le.

　　　　③ 对不起，我给小张了。 すみません，張さんにあげました。
　　　　　 Duìbuqǐ, wǒ gěi Xiǎo Zhāng le.

　　　　④ 对不起，我没有带。 すみません，持っていません。
　　　　　 Duìbuqǐ, wǒ méiyou dài.

06 (3) 問：你一个星期打几天工？ あなたは週に何日アルバイトをしますか。
　　　　 Nǐ yí ge xīngqī dǎ jǐ tiān gōng?

答：① 我打了两个星期了。　　　　　　わたしは２週間しました。
　　　 Wǒ dǎle liǎng ge xīngqī le.

　　❷ 两天，星期二和星期五。　　　　　２日です，火曜日と金曜日で
　　　 Liǎng tiān, xīngqī'èr hé xīngqīwǔ.　す。

　　③ 我昨天去打工了。　　　　　　　　わたしはきのうアルバイトに
　　　 Wǒ zuótiān qù dǎgōng le.　　　　行きました。

　　④ 我今天打三个小时工。　　　　　　わたしはきょう３時間アルバ
　　　 Wǒ jīntiān dǎ sān ge xiǎoshí gōng.　イトをします。

07 (4) 问：你是什么时候来东京的?　　　　あなたはいつ東京に来たので
　　　 Nǐ shì shénme shíhou lái Dōngjīng de?　すか。

答：① 我是开车来的。　　　　　　　　　わたしは車を運転して来たの
　　　 Wǒ shì kāichē lái de.　　　　　です。

　　❷ 我是前天刚来的。　　　　　　　　わたしはおととい来たばかり
　　　 Wǒ shì qiántiān gāng lái de.　　なのです。

　　③ 我打算明天去东京。　　　　　　　わたしはあした東京に行くつ
　　　 Wǒ dǎsuan míngtiān qù Dōngjīng.　もりです。

　　④ 我是在东京买的。　　　　　　　　わたしは東京で買ったのです。
　　　 Wǒ shì zài Dōngjīng mǎi de.

08 (5) 问：您好，您想买点儿什么吗?　　　こんにちは，何かご入り用で
　　　 Nín hǎo, nín xiǎng mǎi diǎnr shénme ma?　しょうか。

答：① 是吗? 那我就不去了。　　　　　　そうですか，それではわたし
　　　 Shì ma? Nà wǒ jiù bú qù le.　　は行かないことにします。

　　② 是吗? 我不太想吃。　　　　　　　そうですか，わたしはあまり
　　　 Shì ma? Wǒ bú tài xiǎng chī.　　食べたくありません。

　　❸ 你好，我想看看那双鞋。　　　　　こんにちは，あの靴をちょっ
　　　 Nǐ hǎo, wǒ xiǎng kànkan nà shuāng xié.　と見てみたいのですが。

　　④ 你好，我现在在家里呢。　　　　　こんにちは，わたしはいま家
　　　 Nǐ hǎo, wǒ xiànzài zài jiāli ne.　　にいますよ。

2. 問いと答えだけで終わるのではなく，相手の答えに対してもう一度反応を示すことができるかどうかを問うています。

(5点×5)

10 (6) A：昨天你怎么没来上课？
Zuótiān nǐ zěnme méi lái shàngkè?

きのうあなたはなぜ授業に来なかったのですか。

B：我感冒发烧了。
Wǒ gǎnmào fāshāo le.

風邪をひいて熱が出たのです。

A：① 我肚子有点儿疼。
Wǒ dùzi yǒudiǎnr téng.

わたしはお腹が少し痛い。

② 你昨天晚上熬夜了吧？
Nǐ zuótiān wǎnshang áoyè le ba?

きのうの晩，夜更かししたんでしょう？

❸ 去医院看了吗？
Qù yīyuàn kàn le ma?

病院に行って診てもらいましたか。

④ 我前天上了两节课。
Wǒ qiántiān shàngle liǎng jié kè.

わたしはおととい2コマ授業を受けました。

11 (7) A：我打算去美国留学。
Wǒ dǎsuan qù Měiguó liúxué.

わたしはアメリカに留学するつもりです。

B：去多长时间？
Qù duō cháng shíjiān?

どれくらい行くのですか。

A：① 我想去好好儿地学习。
Wǒ xiǎng qù hǎohāor de xuéxí.

行ってしっかり勉強したいと思っています。

② 我打算和姐姐一起去。
Wǒ dǎsuan hé jiějie yìqǐ qù.

姉と一緒に行くつもりです。

③ 我下个月就去。
Wǒ xià ge yuè jiù qù.

来月行きます。

❹ 我打算去半年。
Wǒ dǎsuan qù bàn nián.

半年間行くつもりです。

12 (8) A：咱们学校附近有银行吗？
Zánmen xuéxiào fùjìn yǒu yínháng ma?

わたしたちの学校の近くに銀行はありますか。

B：学校对面就是。不过今天休息。
Xuéjiào duìmiàn jiù shì. Búguò jīntiān xiūxi.

学校の向かい側にありますよ。でもきょうはお休みです。

A：① 那我过一会儿去吧。　　　　　　それではあとで行きます。
　　　　Nà wǒ guò yíhuìr qù ba.

　　② 那我们一起去吧。　　　　　　　それでは一緒に行きましょ
　　　　Nà wǒmen yìqǐ qù ba.　　　　　　う。

　　❸ 那我明天再去吧。　　　　　　　それではまたあした行きま
　　　　Nà wǒ míngtiān zài qù ba.　　　　す。

　　④ 那你先去银行吧。　　　　　　　それでは先に銀行に行って
　　　　Nà nǐ xiān qù yínháng ba.　　　　ください。

13 (9) A：下个星期五是田中的生日。　　　来週金曜日は田中さんの誕
　　　　Xià ge xīngqīwǔ shì Tiánzhōng de shēngrì.　生日だね。

　　B：是吗？我们一起给他准备个礼物吧。　　そうなの？一緒に彼にプレ
　　　　Shì ma? Wǒmen yìqǐ gěi tā zhǔnbèi ge lǐwù ba.　ゼントを準備しようよ。

　　A：① 好啊，你想要什么礼物呢？　　いいね，あなたはどんなプ
　　　　Hǎo a, nǐ xiǎng yào shénme lǐwù ne?　レゼントが欲しいの？

　　❷ 好啊，我们一起商量商量吧。　　いいね，一緒にちょっと相
　　　　Hǎo a, wǒmen yìqǐ shāngliangshāngliang ba.　談しよう。

　　③ 好啊，我想要一本词典。　　　いいね，わたしは辞書が1
　　　　Hǎo a, wǒ xiǎng yào yì běn cídiǎn.　冊欲しい。

　　④ 好啊，他的生日是哪天？　　　いいね，彼の誕生日は何日
　　　　Hǎo a, tā de shēngrì shì nǎ tiān?　でしたか。

14 (10) A：我的手机不见了。　　　　　　わたしの携帯電話が見当た
　　　　Wǒ de shǒujī bújiàn le.　らなくなってしまった。

　　B：上课前你还看微信呢。　　　　授業前にあなたはまだ
　　　　Shàngkè qián nǐ hái kàn wēixìn ne.　ウィーチャットを見ていた
　　　　　　　　　　　　　　　　　　よね。

　　A：① 是吗？那我不去上课了。　　　そうなの？それならわたし
　　　　Shì ma? Nà wǒ bú qù shàngkè le.　は授業に行くのよすよ。

　　② 是吗？那下了课看微信吧。　　そうなの？それでは授業が
　　　　Shì ma? Nà xiàle kè kàn wēixìn ba.　終わってからウィーチャッ
　　　　　　　　　　　　　　　　　　トを見ようね。

　　③ 对啊，你的手机可以看微信。　　そうだったね，あなたの携
　　　　Duì a, nǐ de shǒujī kěyǐ kàn wēixìn.　帯電話ではウィーチャット
　　　　　　　　　　　　　　　　　　が見られるんだ。

❹ 对啊，我马上回教室去找找。　　　そうだったね，すぐ教室に

Duì a, wǒ mǎshàng huí jiàoshì qù zhǎozhao.　戻って捜してみるよ。

2 長文聴解

解答：(1)❹　(2)❸　(3)❷　(4)❶　(5)❷　(6)❶　(7)❹　(8)❶　(9)❸　(10)❷

（5点×5）

16 A：张龙，好久不见！

Ｚhāng Lóng, hǎojiǔ bújiàn!

B：噢，是李静啊。听说你去日本了？

Ò, shì Lǐ Jìng a. Tīngshuō nǐ qù Rìběn le?

A：对，我去看朋友了。

Duì, wǒ qù kàn péngyou le.

B：是杨丽吗？

Shì Yáng Lì ma?

A：不是杨丽。(1)我去找王芳玩儿了，她现在住在大阪。

Bú shì Yáng Lì. Wǒ qù zhǎo Wáng Fāng 5
wánr le, tā xiànzài zhùzài Dàbǎn.

B：大阪怎么样？我还没去过大阪呢。

Dàbǎn zěnmeyàng? Wǒ hái méi qùguo
Dàbǎn ne.

A：你去了三次日本，都去哪儿了？

Nǐ qùle sān cì Rìběn, dōu qù nǎr le?

B：(2)都去京都了。京都的名胜古迹太多了，逛不完。

Dōu qù Jīngdū le. Jīngdū de míngshèng 10
gǔjì tài duō le, guàngbuwán.

17 A：(4)我还是更喜欢大阪。

Wǒ háishi gèng xǐhuan Dàbǎn.

B：为什么？

Wèi shénme?

A：(4)大阪有很多商店啊。我喜欢逛街买东西。

Dàbǎn yǒu hěn duō shāngdiàn a. Wǒ
xǐhuan guàng jiē mǎi dōngxi. 15

B：现在在网上都能买呀。

Xiànzài zài wǎngshàng dōu néng mǎi ya.

A：(5)在大阪商店里买便宜啊。

Zài Dàbǎn shāngdiàn li mǎi piányi a.

B：大阪还有很多好吃的东西吧。大阪的寿司怎么样？

Dàbǎn hái yǒu hěn duō hǎochī de dōngxi
ba. Dàbǎn de shòusī zěnmeyàng?

A：大阪的寿司也不错啊，寿司店也很多。

Dàbǎn de shòusī yě búcuò a, shòusī diàn 20
yě hěn duō.

B：是吗？(3)我觉得京都寿司店的味道挺不错的。

Shì ma? Wǒ juéde Jīngdū shòusī diàn de
wèidao tǐng búcuò de.

A：下次我也去尝尝。

Xià cì wǒ yě qù chángchang.

訳：

A：張龍さん，お久しぶりです！

B：ああ，李静さん。日本に行ってきたって聞いたけど？

A：はい，友達に会いに行きました。

B：楊麗さんですか。

A：楊麗さんではありません。(1)王芳さんに会いに行ったのです。彼女は今，大阪に住んでいるんです。

B：大阪はどうだった？ぼくはまだ大阪に行ったことがないのだけど。

A：あなたは日本に3回行ったことがありますが，一体どういったところに行ったのですか。

B：(2)いずれも京都だよ。京都は名所旧跡がたくさんあって，回りきれないんだ。

A：(4)わたしはやはり大阪の方がもっと好きですね。

B：どうして？

A：(4)大阪にはお店がたくさんあります。買い物をして歩くのが好きなんです。

B：今はネットでなんでも買えるよ。

A：(5)大阪のお店で買ったほうが安いです。

B：大阪にはそれにおいしいものがたくさんあるよね。大阪の寿司はどうなの？

A：大阪の寿司もおいしいし，寿司屋もたくさんあります。

B：そうなんですか。(3)京都の寿司屋の味はなかなか悪くないと思います。

A：今度，わたしも食べに行ってみますね。

18 (1) 問：住在大阪的是谁？
Zhùzài Dàbǎn de shì shéi?

大阪に住んでいるのは誰ですか。

答：① 李静。Lǐ Jìng.

李静。

② 张龙。Zhāng Lóng.

張龍。

③ 杨丽。Yáng Lì.

楊麗。

❹ 王芳。Wáng Fāng.

王芳。

19 (2) 問：张龙为什么只去过京都，没去过大阪？
Zhāng Lóng wèi shénme zhǐ qùguo Jīngdū, méi qùguo Dàbǎn?

張龍さんはなぜ京都にだけ行ったことがあり，大阪には行ったことがないのですか。

答：① 因为大阪商店多，他不喜欢。
Yīnwei Dàbǎn shāngdiàn duō, tā bù xǐhuan.

大阪は店が多くて，好きではないから。

48

② 因为他喜欢在京都吃寿司。
Yīnwei tā xǐhuan zài Jīngdū chī shòusī.

彼は京都で寿司を食べるのが
好きだから。

❸ 因为京都名胜古迹多，他还没逛完。
Yīnwei Jīngdū míngshèng gǔjì duō, tā
hái méi guàngwán.

京都は名所旧跡が多く，彼は
まだ回りきれていないから。

④ 因为他觉得大阪商店里的东西网上都
有。Yīnwei tā juéde Dàbǎn shāngdiàn li
de dōngxi wǎngshàng dōu yǒu.

彼は大阪の店の品はネットに
みなあると思っているから。

20 (3) 問：张龙觉得京都的寿司店怎么样？
Zhāng Lóng juéde Jīngdū de shòusī diàn
zěnmeyàng?

張龍さんは京都の寿司屋をど
う思っていますか。

答：① 什么都好吃。　　Shénme dōu hǎochī.

なんでもみなおいしい。

❷ 味道挺不错。　　Wèidao tǐng búcuò.

味はなかなか悪くない。

③ 比大阪便宜。　　Bǐ Dàbǎn piányi.

大阪よりは安い。

④ 寿司店很多。　　Shòusī diàn hěn duō.

寿司屋がとても多い。

21 (4) 問：李静觉得大阪怎么样？
Lǐ Jìng juéde Dàbǎn zěnmeyàng?

李静さんは大阪のことをどの
ように思っていますか。

答：❶ 比京都有意思。Bǐ Jīngdū yǒu yìsi.

京都より面白い。

② 离京都很远。　　Lí Jīngdū hěn yuǎn.

京都から遠い。

③ 寿司店很少。　　Shòusī diàn hěn shǎo.

寿司屋が少ない。

④ 小吃很便宜。　　Xiǎochī hěn piányi.

軽食が安い。

22 (5) 問：李静为什么喜欢在大阪逛街买东西？
Lǐ Jìng wèi shénme xǐhuan zài Dàbǎn guàng
jiē mǎi dōngxi?

李静さんはなぜ大阪で，買い
物をして歩くのが好きなので
すか。

答：① 因为大阪有很多好吃的东西。
Yīnwei Dàbǎn yǒu hěn duō hǎochī de
dōngxi.

大阪にはおいしいものがたく
さんあるから。

❷ 因为大阪商店的东西很便宜。
Yīnwei Dàbǎn shāngdiàn de dōngxi hěn
piányi.

大阪の店のものは安いから。

③ 因为可以在大阪吃寿司。
Yīnwei kěyǐ zài Dàbǎn chī shòusī.

大阪では寿司が食べられるから。

④ 因为大阪比京都有意思。
Yīnwei Dàbǎn bǐ Jīngdū yǒu yìsi.

大阪は京都より面白いから。

田中さんは李萌さんと小学校3年生の時に親友になって以来，大学2年生になって留学先の北京で再会を果たします。ふたりは互いに相手の国の言葉を学んでいることが分かり，変わらぬ友情を喜び合います。

(5点×5)

30 ⑹田中小学三年级的时候，李萌从北京来日本参加小学生乒乓球比赛，在她家住了两个星期。田中不会汉语，李萌也不会日语，但是她们每天一起上学，一起出去玩儿，成为了好朋友。⑺李萌回北京时，田中给了李萌漫画书和日语课本，李萌也给了田中许多中国邮票和汉语课本。

31 田中上大学后开始学习汉语，大学二年级去北京留学时，她找到了李萌。李萌见到田中特别高兴，用日语说：“能再次见到你很高兴。”⑻原来李萌也在大学学习日语。李萌还留着那几本田中给她的漫画书，说：“现在这些日语我都能看懂了。”⑼看到漫画书，田中非常高兴，因为李萌跟她一样，没有忘记两个人的友谊。她们准备放了寒假一起去上海和南京旅游。⑽明年暑假田中回国的时候，李萌还打算跟她去日本。

Tiánzhōng xiǎoxué sān niánjí de shíhou, Lǐ Méng cóng Běijīng lái Rìběn cānjiā xiǎoxuéshēng pīngpāngqiú bǐsài, zài tā jiā zhùle liǎng ge xīngqī. Tiánzhōng bú huì Hànyǔ, Lǐ Méng yě bú huì Rìyǔ, dànshì tāmen měi tiān yìqǐ shàngxué, yìqǐ chūqu wánr, chéngwéile hǎo péngyou. Lǐ Méng huí Běijīng shí, Tiánzhōng gěile Lǐ Méng mànhuà shū hé Rìyǔ kèběn, Lǐ Méng yě gěile Tiánzhōng xǔduō Zhōngguó yóupiào hé Hànyǔ kèběn.

Tiánzhōng shàng dàxué hòu kāishǐ xuéxí Hànyǔ, dàxué èr niánjí qù Běijīng liúxué shí, tā zhǎodàole Lǐ Méng. Lǐ Méng jiàndào Tiánzhōng tèbié gāoxìng, yòng Rìyǔ shuō: "Néng zàicì jiàndào nǐ hěn gāoxìng." Yuánlái Lǐ Méng yě zài dàxué xuéxí Rìyǔ. Lǐ Méng hái liúzhe nà jǐ běn Tiánzhōng gěi tā de mànhuà shū, shuō: "Xiànzài zhèxiē Rìyǔ wǒ dōu néng kàndǒng le." Kàndào mànhuà shū, Tiánzhōng fēicháng gāoxìng, yīnwei Lǐ Méng gēn tā yíyàng, méiyou wàngjì liǎng ge rén de yǒuyì. Tāmen zhǔnbèi fàngle hánjià yìqǐ qù Shànghǎi hé Nánjīng lǚyóu. Míngnián shǔjià Tiánzhōng huí guó de shíhou, Lǐ Méng hái dǎsuan gēn tā qù Rìběn.

訳：⑹田中さんが小学校3年生の時，李萌さんが小学生卓球試合に参加するた

めに北京から日本にやってきて，2週間ほど田中さんの家に泊まりました。田中さんは中国語ができず，李萌さんも日本語ができませんでしたが，毎日一緒に登校し，一緒に遊びに出かけ，仲良しになりました。(7)李萌さんが北京に帰る時，田中さんは李萌さんに漫画本と日本語の教科書をプレゼントしました。李萌さんは田中さんにたくさんの中国の切手と中国語の教科書をプレゼントしました。

　田中さんは大学に入学後中国語を学び始め，大学2年生で北京に留学した際，彼女は李萌さんを訪ね当てました。李萌さんは田中さんに会うととても喜んで，日本語で「またあなたに会うことができてうれしい」と言いました。(8)なんと李萌さんも大学で日本語を勉強していたのです。李萌さんは田中さんが贈ったあの数冊の漫画本をまだ持っていて，「今はこの日本語は全部読んで理解できるようになったよ」と言いました。(9)漫画本を見て，田中さんはとてもうれしくなりました。なぜなら李萌さんも田中さんと同じように，ふたりの友情を忘れていなかったからです。彼女たちは冬休みになったら一緒に上海と南京に旅行に行くつもりです。(10)来年の夏休みに田中さんが帰国する際，李萌さんはまた彼女と日本に行くつもりです。

32　(6)　問：田中和李萌是什么时候成为好朋友的?　　　田中さんと李萌さんはいつ親友になったのですか。
　　　　　Tiánzhōng hé Lǐ Méng shì shénme shíhou chéngwéi hǎo péngyou de?

　　　答：❶　李萌来日本参加乒乓球比赛的时候。　　　李萌さんが卓球試合に参加しに日本にやってきた時。
　　　　　　Lǐ Méng lái Rìběn cānjiā pīngpāngqiú bǐsài de shíhou.

　　　　　②　李萌开始学习日语的时候。　　　李萌さんが日本語を学び始めた時。
　　　　　　Lǐ Méng kāishǐ xuéxí Rìyǔ de shíhou.

　　　　　③　田中去北京留学的时候。　　　田中さんが北京に留学した時。
　　　　　　Tiánzhōng qù Běijīng liúxué de shíhou.

　　　　　④　田中开始学习汉语的时候。　　　田中さんが中国語を学び始めた時。
　　　　　　Tiánzhōng kāishǐ xuéxí Hànyǔ de shíhou.

33　(7)　問：李萌回北京时，田中给李萌什么了?　　　李萌さんが北京に帰る時，田中さんは李萌さんに何をあげましたか。
　　　　　Lǐ Méng huí Běijīng shí, Tiánzhōng gěi Lǐ Méng shénme le?

答：① 邮票和日语课本。　　　　　　　　　　切手と日本語の教科書。
　　　Yóupiào hé Rìyǔ kèběn.

　　② 漫画书和汉语课本。　　　　　　　　　　漫画本と中国語の教科書。
　　　Mànhuà shū hé Hànyǔ kèběn.

　　③ 邮票和汉语课本。　　　　　　　　　　　切手と中国語の教科書。
　　　Yóupiào hé Hànyǔ kèběn.

　❹ 漫画书和日语课本。　　　　　　　　　　漫画本と日本語の教科書。
　　　Mànhuà shū hé Rìyǔ kèběn.

34 (8) 问：李萌为什么会说日语？　　　　　　李萌さんはなぜ日本語が
　　　Lǐ Méng wèi shénme huì shuō Rìyǔ?　　話せるのですか。

答：❶ 因为她在大学学习日语了。　　　　　　彼女が大学で日本語を学
　　　Yīnwei tā zài dàxué xuéxí Rìyǔ le.　　んだから。

　　② 因为她去日本参加比赛了。　　　　　　彼女が日本に行って試合
　　　Yīnwei tā qù Rìběn cānjiā bǐsài le.　　に参加したから。

　　③ 因为田中给她日本漫画书了。　　　　　田中さんが彼女に日本の
　　　Yīnwei Tiánzhōng gěi tā Rìběn mànhuà shū le.　漫画本をあげたから。

　　④ 因为她和田中一起上学了。　　　　　　彼女が田中さんと一緒に
　　　Yīnwei tā hé Tiánzhōng yìqǐ shàngxué le.　学校に通ったから。

35 (9) 问：田中见到李萌为什么非常高兴？　　田中さんは李萌さんに
　　　Tiánzhōng jiàndào Lǐ Méng wèi shénme fēicháng　会ってどうしてとてもう
　　　gāoxìng?　　　　　　　　　　　　　れしかったのですか。

答：① 因为李萌会说日语了。　　　　　　　　李萌さんが日本語を話せ
　　　Yīnwei Lǐ Méng huì shuō Rìyǔ le.　　るようになっていたから。

　　② 因为李萌看得懂日本漫画了。　　　　　李萌さんが日本の漫画を
　　　Yīnwei Lǐ Méng kàndedǒng Rìběn mànhuà le.　読んで理解できるように
　　　　　　　　　　　　　　　　　　　　　なっていたから。

　❸ 因为李萌也没有忘记她们的友谊。　　　李萌さんも彼女たちの友
　　　Yīnwei Lǐ Méng yě méiyou wàngjì tāmen de　情を忘れていなかったか
　　　yǒuyì.　　　　　　　　　　　　　　ら。

　　④ 因为李萌想去日本旅游。　　　　　　　李萌さんが日本に旅行に
　　　Yīnwei Lǐ Méng xiǎng qù Rìběn lǚyóu.　行きたいと思っていたか
　　　　　　　　　　　　　　　　　　　　　ら。

(10) 問：明年暑假她们要去哪儿？　　　　　　来年の夏休み彼女たちは
　　　　　Míngnián shǔjià tāmen yào qù nǎr?　　どこへ行くつもりですか。

　　答：① 上海和日本。　Shànghǎi hé Rìběn.　　上海と日本。

　　　❷ 日本。　　　　Rìběn.　　　　　　　日本。

　　　③ 南京。　　　　Nánjīng.　　　　　　南京。

　　　④ 上海和南京。　Shànghǎi hé Nánjīng.　上海と南京。

解答と解説　［リスニング］

筆 記

1 ピンイン表記・声調

解答：(1)❶ (2)❷ (3)❹ (4)❸ (5)❶ (6)❹ (7)❸ (8)❶ (9)❸ (10)❶

1．2音節の単語の声調パターンが身に付いているかどうかを問うています。単語を覚えるときは，漢字の書き方や意味だけでなしに声調もしっかり身に付けましょう。

(2点×5)

(1) 高兴 gāoxìng（うれしい）　❶ 需要 xūyào　　　（必要とする）
　　　　　　　　　　　　　　② 条件 tiáojiàn　　（条件）
　　　　　　　　　　　　　　③ 门口 ménkǒu　　（出入り口，戸口）
　　　　　　　　　　　　　　④ 餐厅 cāntīng　　（レストラン）

(2) 游泳 yóuyǒng（泳ぐ，水泳）① 回答 huídá　　　（回答する）
　　　　　　　　　　　　　　❷ 牛奶 niúnǎi　　（牛乳）
　　　　　　　　　　　　　　③ 温暖 wēnnuǎn　（あたたかい）
　　　　　　　　　　　　　　④ 开始 kāishǐ　　　（始まる，始める）

(3) 简单 jiǎndān（簡単だ）　　① 考试 kǎoshì　　（試験，試験をする）
　　　　　　　　　　　　　　② 法律 fǎlǜ　　　（法律）
　　　　　　　　　　　　　　③ 语言 yǔyán　　（言語）
　　　　　　　　　　　　　　❹ 手机 shǒujī　　（携帯電話）

(4) 幸福 xìngfú（幸せ，幸せだ）① 办法 bànfǎ　　（方法）
　　　　　　　　　　　　　　② 厕所 cèsuǒ　　（トイレ）
　　　　　　　　　　　　　　❸ 地图 dìtú　　　（地図）
　　　　　　　　　　　　　　④ 健康 jiànkāng　（健康だ）

(5) 国家 guójiā（国家）　　　 ❶ 熊猫 xióngmāo　（パンダ）
　　　　　　　　　　　　　　② 愉快 yúkuài　　（楽しい）
　　　　　　　　　　　　　　③ 文化 wénhuà　　（文化）
　　　　　　　　　　　　　　④ 欢迎 huānyíng　（歓迎する）

2. ピンインを正確に覚えているかどうかを問うています。正しく発音することができるかどうかは，ピンインによるチェックが効果的です。 (2点×5)

(6) 旅行（旅行する）

  ① lǔxīng   ② lǔxíng   ③ lǔxīng   ❹ **lǔxíng**

(7) 丰富（豊富だ）

  ① fēnfù   ② fēnhù   ❸ **fēngfù**   ④ fēnghù

(8) 参观（見学する）

  ❶ **cānguān**   ② kāngān   ③ cānguàn   ④ kāngàn

(9) 滑雪（スキーをする）

  ① huáxué   ② huóxué   ❸ **huáxuě**   ④ huóxuě

(10) 眼镜（めがね）

  ❶ **yǎnjìng**   ② yǎnjing   ③ yǎngjìng   ④ yǎngjing

---

2 空欄補充

解答：(1)❸ (2)❶ (3)❷ (4)❶ (5)❸ (6)❸ (7)❶ (8)❹ (9)❶ (10)❸

空欄に入る語句はいずれも文法上のキーワードです。 (2点×10)

(1) 你看，他们在（ 往 ）这边看呢。   ねえ，彼らがこちらの方を見て
  Nǐ kàn, tāmen zài wǎng zhèbian kàn ne.   いるよ。

  ① 到 dào   ② 对 duì   ❸ 往 wǎng   ④ 从 cóng

> 　介詞の問題です。見る方向は介詞"往"で表します。"往这边看"は「こちらの方を見る」，"到"は「（終点）まで」と到達点を，"对"は「…に対して」と動作の対象を，"从"は「（起点）から」と動作の起点を導きます。

(2) 我把课本忘（ 在 ）教室里了。   わたしは教科書を教室に置き忘
  Wǒ bǎ kèběn wàngzài jiàoshì li le.   れた。

  ❶ 在 zài   ② 有 yǒu   ③ 到 dào   ④ 去 qù

> 　目的語を動詞の前に引き出して処置を表す"把"構文は「主語＋"把"＋目的語＋動詞＋その他の成分」の語順です。動詞"忘"の場所を導く"在"を選びます。"有"は「ある，いる」，"到"は到達点を表す介詞で

「(終点) まで」，"去" は「行く」という意味です。

(3) 她笑（ 着 ）说:"你喜欢什么，随便拿！" 彼女は笑って言った。「好きなも
Tā xiàozhe shuō: "Nǐ xǐhuan shénme, suíbiàn のを自由に持って行ってよ！」
ná!"

① 得 de　　　❷ 着 zhe　　　③ 地 de　　　④ 的 de

　　助詞の問題です。同一主語が2つの動詞を伴う場合，前の動詞に "着"
が付き，後の動作がどのような方式や状態のもとに行われるかを表しま
す。"得" は様態補語や可能補語を導き，"地" は動詞（句）を修飾する
語句の後に置かれ連用修飾語を作り，"的" は修飾関係や所有の「…の」
という意味を表します。

(4) 明天（ 就要 ）考试了，你怎么还在看电 あしたはもう試験なのに，あな
视? Míngtiān jiù yào kǎoshì le, nǐ zěnme hái たはどうしてまだテレビを見て
zài kàn diànshì? いるの？

❶ 就要 jiù yào　　② 立刻 lìkè　　③ 如果 rúguǒ　　④ 因为 yīnwei

　　"就要" は "就要…了" の形式で「もうすぐ…」という意味を表します。
副詞 "就" と助動詞 "要" の2つの単語からなり，事態の出現が差し迫っ
ていることを表します。"立刻" は「即刻，すぐに」という意味の副詞。
"如果" は「もしも」と仮定を表し，"因为" は「…なので」という意味
で原因・理由を表す接続詞です。

(5) 这些事你（ 不用 ）担心，好好儿休息吧。 こういうことは心配しなくても
Zhèxiē shì nǐ búyòng dānxīn, hǎohāor xiūxi ba. いいよ，ゆっくり休みなさい。

① 不好 bù hǎo　　② 不是 bú shì　　❸ 不用 búyòng　　④ 不会 bú huì

　　後ろが動詞の "担心"（心配する）ですから副詞で「…しなくていい，
…する必要がない」という意味の "不用" を選びます。"不好" は「…
しにくい」，"不是" は「…ではない」，"不会" は「…できない，…のは
ずがない」という意味です。

(6) 到（ 了 ）东京，我们先去浅草吧。 東京に着いたら，わたしたち
Dàole Dōngjīng, wǒmen xiān qù Qiǎncǎo ba. はまず浅草に行きましょう。

① 的 de　　　② 过 guo　　　❸ 了 le　　　④ 好 hǎo

動詞 "到" の後に "了" を付けて新しい状況の発生を示します。"的" は動作が過去に行われたことを自明のこととして表し，"过" は「…したことがある」と経験を表します。"好" は結果補語として使われる場合「…し終わる，…し上がる」という意味です。

(7) 爸爸不（ 让 ）我一个人去游泳。　　　　父はわたし一人では泳ぎに行
Bàba bú ràng wǒ yí ge rén qù yóuyǒng.　　かせてくれない。

❶ 让 ràng　　② 被 bèi　　③ 使 shǐ　　④ 把 bǎ

使役文です。「主語 "爸爸" ＋使役動詞 "（不）让" ＋使役対象 "我" ＋使役内容 "一个人去游泳"」の語順です。"被" は「…によって…される」と受け身文の動作主を導きます。"使" は「…に…させる」という意味の使役動詞です。"把" は「…を（…する）」という意味で動作の対象となる名詞を動詞の前に置き，何らかの処置を加える場合に用います。

(8) 这个苹果（ 有点儿 ）酸，不过很好吃。　このリンゴは少し酸っぱいけ
Zhège píngguǒ yǒudiǎnr suān, búguò hěn hǎochī.　れど，おいしい。

① 一点儿 yìdiǎnr　　　　　　② 一会儿 yíhuìr

③ 一下儿 yíxiàr　　　　　　❹ 有点儿 yǒudiǎnr

いずれも「少し」「ちょっと」の意味を表しますが，それぞれ用法が違います。"一点儿" は形容詞や動詞の後に置かれ，「少し」の意味を表しますが，客観的な評価を表し，好悪などの感情は伴いません。一方，"有点儿" は形容詞や動詞の前に置かれ，望ましくないことを述べる場合に用います。"一会儿" は時間的に「ちょっとの間」の意を表し，"一下儿" も時間的に「ちょっとの間」や軽い試みとして「…してみる」の意を表します。文の前半で「酸っぱい」，後半では「だが，おいしい」と述べられており，"酸" が望ましくないと捉えられていることから "有点儿" を選びます。

(9) 你把车票放好，（ 别 ）丢了。　　　　　切符をちゃんとしまいなさい，
Nǐ bǎ chēpiào fànghǎo, bié diū le.　　　　なくしてはいけないよ。

❶ 别 bié　　② 不 bù　　③ 没 méi　　④ 就 jiù

「"别" ＋動詞」は「…するな」，「"别" ＋動詞＋ "了"」は「…してしま

わないように，もう…するな」という禁止を表します。"不"は「…しない」，"没"は「…しなかった，…していない」と共に否定を表し，"就"は「すぐに，だけ」と短時間内にある動作がされることを表します。

⑽ 我（ 一 ）给田中打电话，他（ 就 ）问我　　わたしが田中さんに電話をす
日语学得怎么样了。Wǒ yì gěi Tiánzhōng dǎ　　ると，田中さんは必ずわたし
diànhuà, tā jiù wèn wǒ Rìyǔ xuéde zěnmeyàng le.　　に日本語の学習がどんなぐあ
　　　　　　　　　　　　　　　　　　　　　　　　　いかと尋ねる。

① 因为…所以… yīnwei…suǒyǐ…　　② 虽然…但是… suīrán…dànshì…

❸ 一…就… yī…jiù…　　④ 又…又… yòu…yòu…

> "一…就…" は「…すると，…」と動作・行為を表す2つの文が時間的に前後して現れる連続関係を表します。"因为…所以…" は「…ので，…」と因果関係を，"虽然…但是…" は「…ではあるけれども，…」と逆接関係を，"又…又…" は「…でもあり，…でもある」と並列関係を表します。

---

3 **語順選択**

解答：(1) ❶　(2) ❸　(3) ❷　(4) ❸　(5) ❶　(6) ❶　(7) ❶　(8) ❶　(9) ❹　⑽ ❷

1. 文法上のキーワードを含む基本的な文を正確に組み立てることができるかどうかを問うています。　　　　　　　　　　　　　　　　　　　　　　（2点×5）

⑴ 彼らはみんな歩いて教室に入ってきた。

❶ 他们都走进教室来了。Tāmen dōu zǒujìn jiàoshì lai le.

② 他们都走进了来教室。

③ 他们都走了进教室来。

④ 他们教室都走进来了。

> 「動詞＋複合方向補語」が用いられる文で，「動作動詞"走"＋動作の方向を表す動詞"进"＋（経過）場所"教室"＋"来／去"＋"了"」の語順です。場所を表す目的語がある場合は，目的語を"来""去"の前に置きます。

⑵ そこにおばあさんが1人座っている。

58

① 老奶奶一个那里坐着。

② 坐着那里一个老奶奶。

❸ 那里坐着一个老奶奶。Nàli zuòzhe yí ge lǎonǎinai.

④ 一个老奶奶坐着那里。

> ある場所にある物や人が存在するという意味を表す存現文の構文です。日本語の「…が」にあたる成分 "一个老奶奶" が動詞の後ろに置かれます。「場所・時間＋存在を表す動詞＋その他の成分＋存在する人・モノ」の語順です。意味上の主語が動詞の後に来ることに注意しましょう。

(3) 彼女はすでにケーキを全部食べてしまった。

① 她都把蛋糕已经吃完了。

❷ 她已经把蛋糕都吃完了。Tā yǐjīng bǎ dàngāo dōu chīwán le.

③ 她把蛋糕吃完了都已经。

④ 她已经都吃完了把蛋糕。

> "把" 構文です。"把" を用いて目的語を動詞の前に出し，その目的語にどのような処置をしたかを強調します。"已经" は時間を表す副詞で，"把" の前に置きます。動詞には付加成分が必要です。この文では "蛋糕" が目的語となり，さらに動詞 "吃" にも "完了" と補語が付加されています。"把" 構文は基本的に，「"她（主語)"＋"把"＋"蛋糕"（"把" によって前置される目的語)＋"吃完了（動詞句)"」の語順です。

(4) 誰もが中国へ留学に行きたがっている。

① 谁想都去留学中国。

② 谁都留学中国想去。

❸ 谁都想去中国留学。Shéi dōu xiǎng qù Zhōngguó liúxué.

④ 谁想去留学都中国。

> "谁" を受けて「すべて，例外なしに」を意味する「疑問詞＋"都"＋…」の形式が用いられている文です。

(5) わたしたちは早めに準備をしておかなければならない。

❶ 我们要早点儿做好准备。Wǒmen yào zǎo diǎnr zuòhǎo zhǔnbèi.

② 要做好早点儿我们准备。

③ 做好准备我们要早点儿。

④ 我们准备要做好早点儿。

> 「主語"我们"＋助動詞"要"＋副詞"早点儿"＋動詞"做好"＋目的語"准备"」の基本語順をしっかり押さえておきましょう。「…しなければならない」"要"は主語の後，しなければならない内容である"早点儿做好准备"の前に置きます。

2. 与えられた語句を用いて正確に文を組み立てることができるかどうかを問うています。

(2点×5)

(6) きょうわたしは自転車を学校に置いてきた。

今天我　④ 把　〔 ❶ 自行车 〕　③ 放到　② 学校　去了。

Jīntiān wǒ bǎ zìxíngchē fàngdào xuéxiào qù le.

> "把"構文です。"把"構文の語順は「主語＋"把"＋目的語＋動詞＋その他の成分」です。介詞"把"を用いて目的語"自行车"を動詞句"放到学校去了"に前置させます。

(7) 彼女はギョーザを作るのが上手ですか。

她包　④ 饺子　② 包　〔 ❶ 得 〕　③ 好不好?

Tā bāo jiǎozi bāode hǎo bu hǎo?

> 程度補語を伴う構文です。「主語＋動詞＋目的語＋同一動詞＋"得"＋程度補語」の語順です。「…するのが…だ」は動詞・形容詞の後ろに"得"を加えて様態補語を導き「動詞・形容詞＋"得"＋形容詞」の語順をとります。動詞に目的語を伴っている場合は，「動詞＋目的語」をその前に置き，動詞を繰り返します。「ギョーザ（を）」という目的語があるので，動詞"包"を繰り返しています。

(8) 質問があったら，わたしに聞いてください。

有问题，你　③ 可以　〔 ❶ 来 〕　④ 问　② 我!

Yǒu wèntí, nǐ kěyǐ lái wèn wǒ!

> "可以"（…してよろしい）は助動詞で主語と動詞の間に入ります。「わたしに聞く」は「わたしに聞きに来る」"来问我"と訳し，目的関係の連動式述語文で表します。

(9) わたしたちが泊まるホテルは駅のそばにあります。

我们住　〔　**❹** 的　〕　② 旅馆　① 在　③ 车站旁边。

Wǒmen zhù de lǚguǎn zài chēzhàn pángbiān.

> 「わたしたちが泊まるホテル」は"我们住的旅馆"と「動詞＋"的"＋名詞」のかたちで「…する…」という連体修飾構造で表します。「あるもの／人がある場所にある／いる」は「モノ／人＋"在"＋場所」の語順です。

(10) この冬，わたしは3回スキーに行きました。

这个冬天，我去　④ 滑　① 了　〔　**❷** 三次　〕　③ 雪。

Zhège dōngtiān, wǒ qù huále sān cì xuě.

> 「スキーをする」は「動詞＋目的語」構造の離合詞で"滑雪"。過去を表す助詞"了"は動詞"滑"の後に置き，動量詞"三次"は補語として離合詞"滑雪"の間に割って入り，"滑了"の後に置きます。「動詞＋動量詞＋目的語」の語順に並べて"滑了三次雪"とします。

4 長文読解

解答：(1)**❷**　(2)**❶**　(3)**❷**　(4)**❹**　(5)**❸**　(6)**❹**

まとまった内容の長文を正確に理解できるかどうかを問うています。

　　　每年过年的时候，亲戚朋友都给芳芳压岁钱。

　　　小时候的芳芳不知道钱是什么，常常拿在手里玩儿，玩儿着玩儿着钱 〔(1)**就**〕成碎纸了。

　　　芳芳长大了。现在的她 〔(2)**什么**〕都不喜欢，只喜欢钱了，而且她要自己保管压岁钱。别人直接给她的，她就自己收好；要是别人递到大人手里，5 等别人走了以后，她一定会要回去自己保管。

　　　一天，妈妈看见芳芳手里拿着一个自己没见过的玩具，就问："这是谁给你的？""我自己买的。""谁给你的钱？""我自己的钱！"

　　　妈妈越想越不安，芳芳手里有了钱，以后 〔(3)**会不会**〕去网吧？去游戏厅？〔(3)**会不会**〕买不好的书？……晚上，芳芳睡着了，妈妈悄悄地找芳芳的10 压岁钱，口袋里，书包里，找来找去都没有看到钱，最后 〔(4)**拉**〕开芳芳桌子的抽屉，看见最上面有一个硬皮本子。妈妈拿起本子翻了几页，里面夹着

61

几张百元的人民币。就在那一页，芳芳用稚气的字写着："今天电视上那么多人在 ⑤向 灾区捐款捐物，我也要把我的压岁钱捐给灾区，帮助那里的爷爷奶奶、叔叔阿姨，还有许许多多的小朋友……"

Měi nián guònián de shíhou, qīnqi péngyou dōu gěi Fāngfang yāsuìqián.

Xiǎo shíhou de Fāngfang bù zhīdào qián shì shénme, chángcháng názài shǒuli wánr, wánrzhe wánrzhe qián jiù chéng suì zhǐ le.

Fāngfang zhǎngdà le. Xiànzài de tā shénme dōu bù xǐhuan, zhǐ xǐhuan qián le, érqiě tā yào zìjǐ bǎoguǎn yāsuìqián. Biéren zhíjiē gěi tā de, tā jiù zìjǐ shōuhǎo; yàoshi biéren dìdào dàren shǒuli, děng biéren zǒule yǐhòu, tā yídìng huì yào huíqu zìjǐ bǎoguǎn.

Yìtiān, māma kànjiàn Fāngfang shǒuli názhe yí ge zìjǐ méi jiànguo de wánjù, jiù wèn: "Zhè shì shéi gěi nǐ de?" "Wǒ zìjǐ mǎi de." "Shéi gěi nǐ de qián?" "Wǒ zìjǐ de qián!"

Māma yuè xiǎng yuè bù'ān, Fāngfang shǒuli yǒule qián, yǐhòu huì bu huì qù wǎngbā? Qù yóuxìtīng? Huì bu huì mǎi bù hǎo de shū?……Wǎnshang, Fāngfang shuìzháo le, māmā qiāoqiāo de zhǎo Fāngfang de yāsuìqián, kǒudài li, shūbāo li, zhǎo lái zhǎo qù dōu méiyou kàndào qián, zuìhòu lā kāi Fāngfang zhuōzi de chōuti, kànjiàn zuì shàngmiàn yǒu yí ge yìngpí běnzi. Māmā náqǐ běnzi fānle jǐyè, lǐmiàn jiāzhe jǐ zhāng bǎi yuán de rénmínbì. Jiù zài nà yí yè, Fāngfang yòng zhìqì de zì xiězhe: "Jīntiān diànshì shang nàme duō rén zài xiàng zāiqū juānkuǎn juānwù, wǒ yě yào bǎ wǒ de yāsuìqián juāngěi zāiqū, bāngzhù nàli de yéye nǎinai、shūshu āyí, háiyǒu xǔxuduōduō de xiǎopéngyǒu……"

訳：毎年お正月には，親戚や友人たちは芳ちゃんにお年玉をくれる。

幼い時の芳ちゃんはお金が何だかわからず，よく手にして遊んでいると，遊んでいるうちにお金はすぐに粉々の紙屑になってしまうのだった。

芳ちゃんは大きくなった。今の彼女は何をおいても，ただお金だけが好きになってしまった。しかも，芳ちゃんは，自分でお年玉を保管したいのだ。他の人が彼女に直接渡した分は，自分でしっかり受け取り，もし他の人が大人に渡したら，その人が去った後で必ず取り戻して自分で保管する。

ある日，お母さんは芳ちゃんが手に見たことのないおもちゃを持っているのを見かけて，尋ねた。「これは誰がくれたの？」「わたしが自分で買ったんだ。」「誰がお金をくれたの？」「自分のお金だよ。」

お母さんは考えれば考えるほど不安になってきた。芳ちゃんの手元にお金があれば，今後はインターネットカフェに行くんじゃないか？ゲームセンターへ行くんじゃないか？よくない本を買うんじゃないか？……夜，芳ちゃんが寝つ

いた後，お母さんはこっそり芳ちゃんのお年玉を探したが，ポケットの中，カバンの中，あちこち探しても見つからない。最後に芳ちゃんの机の引き出しを開けると，いちばん上にハードカバーのノートが置いてあった。お母さんがノートを手に取って，数ページめくると，何枚かの百元紙幣が中に挟んであった。まさしくそのページには，芳ちゃんがあどけない文字でこう書いていた。「きょうテレビで，あんなにたくさんの人が被災地にお金と物資を寄付していた。わたしも自分のお年玉を被災地に寄付して，そこのおじいちゃん，おばあちゃん，おじちゃん，おばちゃん，それにたくさんの子どもを助けたい……。」

(1) 空欄補充　　　　　　　　　　　　　　　　　　　　　　　　　　　(3点)

① 才 cái　　　　　❷ 就 jiù　　　　③ 被 bèi　　　　④ 让 ràng

　　この"就"は，前の動詞句の表す行為の下では，必ず後の動詞句の表す事態・結果をもたらすことを表します。

(2) 空欄補充　　　　　　　　　　　　　　　　　　　　　　　　　　　(3点)

❶ 什么 shénme　　　　　　　② 怎么 zěnme

③ 怎么样 zěnmeyàng　　　　　④ 哪儿 nǎr

　　「"什么"（疑問詞）+"都""不"+動詞」で「何も…しない」という強調表現を作ります。疑問詞は場所の場合は"哪儿"，モノで選択範囲が既知なら"哪个"，未知なら"什么"を使います。"喜欢"の対象は未知なので"什么"を選びます。

(3) 空欄補充（2か所）　　　　　　　　　　　　　　　　　　　　　　(3点)

① 要不要 yào bu yào　　　　　❷ 会不会 huì bu huì

③ 行不行 xíng bu xíng　　　　④ 有没有 yǒu méi yǒu

　　"有没有"は「有無」を聞く場合，"要不要"は「…したいかどうか，…するつもりかどうか」という意志を尋ねる場合，"行不行"は相手に許可を求める場合に用います。ここでは芳ちゃんのお金の使い道の可能性について母親が自問しているので可能性を表す"会不会"を選びます。

(4) 空欄補充　　　　　　　　　　　　　　　　　　　　　　　　　　　(3点)

① 引 yǐn　　　② 带 dài　　　③ 放 fàng　　　❹ 拉 lā

　　動詞と目的語の組み合わせの問題です。この文に出てくる目的語は"抽

屈"で，動詞は"拉"を使います。"引"は「引く」，"带"は「身に付ける，帯びる，持つ，携帯する」，"放"は「置く，預ける，下ろす，入れる」という意味です。

(5) 空欄補充 (3点)

① 都 dōu ② 和 hé ❸ 向 xiàng ④ 跟 gēn

"捐"（寄付する）という行為の向かい先なので，介詞"向"を選びます。"都"は「みな，すべて」という意味の副詞，"和""跟"はともにする相手や比較の対象を導く介詞です。

(6) 内容不一致 (5点)

① 小时候的芳芳经常拿着钱玩儿。
Xiǎo shíhou de Fāngfang jīngcháng názhe qián wánr.
幼い時の芳ちゃんはよくお金を手にして遊んでいた。

② 芳芳的压岁钱夹在一个硬皮本子里。
Fāngfang de yāsuìqián jiāzài yí ge yìngpí běnzi li.
芳ちゃんのお年玉はハードカバーのノートに挟んであった。

③ 芳芳想帮助灾区的爷爷奶奶和小朋友们。
Fāngfang xiǎng bāngzhù zāiqū de yéye nǎinai hé xiǎopéngyǒumen.
芳ちゃんは被災地のおじいさんやおばあさん，そして子どもたちを助けたいと思っている。

❹ 芳芳喜欢钱是因为想给自己买玩具。
Fāngfang xǐhuan qián shì yīnwei xiǎng gěi zìjǐ mǎi wánjù.
芳ちゃんがお金が好きなのは自分（のため）におもちゃを買いたいからである。

①は2行目，②は12行目，③は13〜15行目の内容とそれぞれ一致しますが，④の内容は記されていません。

5 日文中訳 (4点 × 5)

(1) お父さんは先週東京から帰って来られたのですか。

你爸爸是 上(个)星期／上周 从东京回来的吗?
Nǐ bàba shì shàng (ge) xīngqī/shàng zhōu cóng Dōngjīng huílai de ma?

すでに実現した事柄について，動作の主体・時間・場所・目的・方式

64

などを強調するときには“是…的”構文を用います。時点を表す語である“上个星期”は動詞の前に置きます。

(2) 姉はよく音楽を聴きながら，宿題をします。

姐姐 经常／常常 (一)边听音乐，(一)边做作业。

Jiějie jīngcháng/chángcháng (yì)biān tīng yīnyuè, (yì)biān zuò zuòyè.

「…しながら…する」は“一边…一边…”“边…边…”で表現します。“边…边…”は通常単音節の動詞と組み合わされます。“一面…一面…”を使うこともできますが，やや硬い感じがします。

(3) 彼はわたしより2歳年上です。

他比我大两岁。

Tā bǐ wǒ dà liǎng suì.

比較表現の「AはBより…だ」は「A＋“比”＋B＋形容詞」です。「年齢が上である」という意味を表す形容詞は“大”です。比較した結果の差量を示す“两岁”は補語で，述語である形容詞“大”の後に置きます。

(4) ここから駅まであまり遠くありません。

这里／这儿 离车站不太远。

Zhèli/Zhèr lí chēzhàn bú tài yuǎn.

从 这里／这儿 到车站不太远。

Cóng zhèli/zhèr dào chēzhàn bú tài yuǎn.

介詞“离”は空間や時間の隔たりを表します。介詞“从…”と“到…”はそれぞれ「…から」と「…まで」の意味で，空間や時間の起点と終点を表します。「ここ」は“这里”あるいは“这儿”を用い，「あまり…ない」は“不太”で表現します。

(5) わたしのパソコンは兄に持って行かれてしまいました。

我的电脑被哥哥 拿走／拿去 了。

Wǒ de diànnǎo bèi gēge názǒu/náqù le.

「…は…に…される」という受身表現の語順は「受動者＋“被”＋動作主＋動詞（句）」です。「持って行く」は方向補語を用いた“拿走／拿去”で表現します。この場合，動詞には完了を表す助詞“了”を付加します。

第110回
（2023 年 11 月）

問　題

　　解答時間：計 100 分

　　配点：リスニング 100 点，筆記 100 点

解答と解説

03 **1** 1. (1)〜(5)の問いの答えとして最も適当なものを，①〜④の中から 1 つ選びなさい。

(25 点)

04 (1)
　　① 　　　　　　② 　　　　　　③ 　　　　　　④

05 (2)
　　① 　　　　　　② 　　　　　　③ 　　　　　　④

06 (3)
　　① 　　　　　　② 　　　　　　③ 　　　　　　④

07 (4)
　　① 　　　　　　② 　　　　　　③ 　　　　　　④

08 (5)
　　① 　　　　　　② 　　　　　　③ 　　　　　　④

09 2. (6)〜(10)のＡとＢの対話を聞き，それに続くＡの発話として最も適当なものを，
①〜④の中から 1 つ選びなさい。

(25 点)

10 (6)
　　① 　　　　　　② 　　　　　　③ 　　　　　　④

11 (7)
　　① 　　　　　　② 　　　　　　③ 　　　　　　④

12 (8)
　　① 　　　　　　② 　　　　　　③ 　　　　　　④

13 (9)
　　① 　　　　　　② 　　　　　　③ 　　　　　　④

14 (10)
　　① 　　　　　　② 　　　　　　③ 　　　　　　④

2 中国語を聞き，(1)～(10)の問いの答えとして最も適当なものを，①～④の中から1
つ選びなさい。 (50点)

第110回

問題〔リスニング〕

(1)～(5)の問いは音声のみで，文字の印刷はありません。

(1)
① ② ③ ④

(2)
① ② ③ ④

(3)
① ② ③ ④

(4)
① ② ③ ④

(5)
① ② ③ ④

30
37

31
38

32　(6) 约翰现在在做什么？
39　　　① 　　　　　② 　　　　　③ 　　　　　④

33　(7) 李平和约翰是什么关系？
40　　　① 　　　　　② 　　　　　③ 　　　　　④

34　(8) 约翰的专业是什么？
41　　　① 　　　　　② 　　　　　③ 　　　　　④

35　(9) 约翰和他的女朋友是怎么认识的？
42　　　① 　　　　　② 　　　　　③ 　　　　　④

36　(10) 与本文内容不相符的是以下哪一项？
43　　　① 　　　　　② 　　　　　③ 　　　　　④

1 1. (1)〜(5)の中国語と声調の組み合わせが同じものを，①〜④の中から 1 つ選びなさい。 (10点)

(1) 文化　　　① 愉快　　② 首都　　③ 年轻　　④ 永远

(2) 开始　　　① 优秀　　② 方法　　③ 口袋　　④ 翻译

(3) 练习　　　① 贸易　　② 政府　　③ 绿茶　　④ 错误

(4) 作品　　　① 历史　　② 赞成　　③ 校园　　④ 电视

(5) 书架　　　① 果汁　　② 风景　　③ 香蕉　　④ 生命

2. (6)〜(10)の中国語の正しいピンイン表記を，①〜④の中から 1 つ選びなさい。 (10点)

(6) 检查　　① qiǎnchá　② qiǎnzhá　③ jiǎnzhá　④ jiǎnchá

(7) 律师　　① lùshī　② lùsī　③ lǜshī　④ lǜsī

(8) 考试　　① kǎoshì　② kǎosì　③ kǒushì　④ kǒusì

(9) 几乎　　① qǐhū　② jǐhū　③ jīhū　④ qīhù

(10) 比较　　① bǐjiào　② pǐjiào　③ bǐqiáo　④ pǐqiǎo

2 ⑴～⑽の中国語の空欄を埋めるのに最も適当なものを，①～④の中から１つ選びなさい。

(20点)

⑴ 我一见到他（　　　）喜欢上了他。

① 才　　　　　② 还　　　　　③ 就　　　　　④ 再

⑵ 同学们认真（　　　）学习英语。

① 的　　　　　② 得　　　　　③ 个　　　　　④ 地

⑶ 我每个星期有四（　　　）汉语课，你呢？

① 节　　　　　② 篇　　　　　③ 件　　　　　④ 片

⑷（　　　）不断努力，才能取得好成绩。

① 具有　　　　② 只有　　　　③ 还有　　　　④ 只要

⑸ 你（　　　）没有洗澡就睡觉了？

① 什么　　　　② 这么　　　　③ 怎么　　　　④ 怎么样

⑹ 请（　　　）我你的电话号码。

① 说　　　　　② 知道　　　　③ 讲　　　　　④ 告诉

⑺ 我（　　　）图书馆借了两本书。

① 从　　　　　② 离　　　　　③ 对　　　　　④ 和

⑻ 我们走（　　　）去吧。

① 着　　　　　② 得　　　　　③ 了　　　　　④ 来

⑼ 他一定（　　　）来的。

① 有　　　　　② 会　　　　　③ 是　　　　　④ 该

⑽ 你先把作业写完，（　　　）看电视吧。

① 又　　　　　② 还　　　　　③ 也　　　　　④ 再

1. (1)〜(5)の日本語の意味に合う中国語を，①〜④の中から 1 つ選びなさい。

(10 点)

(1) その植木鉢は母に割られてしまいました。

    ① 妈妈花盆被那个打碎了。

    ② 妈妈被那个花盆打碎了。

    ③ 被那个花盆妈妈打碎了。

    ④ 那个花盆被妈妈打碎了。

(2) 彼は感謝の言葉さえも口にしませんでした。

    ① 连他感谢的话都没说。

    ② 他连感谢的话都没说。

    ③ 感谢他连的话没都说。

    ④ 他的话都连感谢没说。

(3) 彼のした仕事は君ほど多くはありません。

    ① 做他的工作没有你多。

    ② 他的工作没有你做多。

    ③ 他做的工作没有你多。

    ④ 他做的工作没你多做。

(4) 家の近所にあるアメリカ人が引っ越してきました。

    ① 美国一个人我家附近搬来了。

    ② 我家附近搬来了一个美国人。

    ③ 一个美国人我家附近搬来了。

    ④ 附近美国人搬来了一个我家。

(5) 小さい頃，わたしは中国に 2 年間住んだことがあります。

    ① 在小时候我中国住过两年。

    ② 在小时候我中国两年住过。

    ③ 我小时候两年在中国住过。

    ④ 我小时候在中国住过两年。

2. (6)〜(10)の日本語の意味になるように①〜④を並べ替えたときに，[　　] 内に入るものを選びなさい。 （10点）

(6) 彼は英文を読めるのに，一言も話せません。

他看得懂英文，但是＿＿＿＿ ＿＿＿＿ ＿＿＿＿ [　　　　]。

① 不会　　　　② 也　　　　③ 一句　　　　④ 说

(7) 本棚には多くの中国語の雑誌が置いてあります。

书架上＿＿＿＿ ＿＿＿＿ [　　　　] ＿＿＿＿。

① 中文　　　　② 很多　　　　③ 放着　　　　④ 杂志

(8) あなたの辞書は見つかりましたか。

你的＿＿＿＿ ＿＿＿＿ ＿＿＿＿ [　　　　]?

① 词典　　　　② 没有　　　　③ 了　　　　④ 找到

(9) あなたは誰と映画を観に行ったのですか。

你是＿＿＿＿ ＿＿＿＿ [　　　　] ＿＿＿＿看的电影?

① 一起　　　　② 谁　　　　③ 去　　　　④ 跟

(10) わたしたちが学校を出たら，突然大雨が降り出しました。

我们刚出校门，就＿＿＿＿ [　　　　] ＿＿＿＿ ＿＿＿＿了。

① 来　　　　② 大雨　　　　③ 起　　　　④ 下

4 次の文章を読み，(1)～(6)の問いの答えとして最も適当なものを，①～④の中から 1 つ選びなさい。

(20 点)

星期三下午考完试，陈明觉得很轻松。他和妈妈一起去了离家不远的大商场。他们先在一楼买了一些食品后，又去了三楼给爸爸买夏天穿的衬衫。陈明对买衣服这件事一点儿都不感兴趣，所以就坐在店里的椅子上等着妈妈。

过了一会儿，他 (1) 渴了，就从书包里拿出一瓶矿泉水，一口气喝完后，想扔空瓶时才发现附近没有垃圾箱，于是他就把手里的空瓶放在了地上。这时候，一个工作人员推着垃圾车走过来了，问陈明："这个空瓶是你的吗？"陈明说："是"。工作人员又说："如果不要了，可以放到垃圾车里去， (2) 随便乱扔。"

陈明非常不好意思，马上 (3) 他说："对不起，我刚才也想扔到垃圾箱里去的，可是没找着垃圾箱，就放在地上了。"陈明 (4) 说 (4) 把地上的空瓶拿起来，扔进了垃圾车。坐在旁边椅子上的老奶奶笑着说："讲文明不难，就是在日常生活中的小事上注意自己的言行， (5) 我们每个人都能做到。"陈明说："您说得太对了，今后我一定做一个讲文明、懂礼貌的好孩子。"

(1) 空欄(1)を埋めるのに適当なものはどれか。

① 一点儿　　　② 有点儿　　　③ 一些　　　④ 一下

(2) 空欄(2)を埋めるのに適当なものはどれか。

① 不想　　　② 不要　　　③ 不会　　　④ 不用

(3) 空欄(3)を埋めるのに適当なものはどれか。

① 对　　　② 向　　　③ 替　　　④ 为

(4) 2 か所の空欄(4)を埋めるのに適当なものはどれか。

① 有的…有的…　　② 又…又…　　③ 一边…一边…　　④ 或者…或者…

(5) 空欄(5)を埋めるのに適当なものはどれか。

① 因为　　　② 虽然　　　③ 可是　　　④ 所以

⑹ 本文の内容と一致するものはどれか。

　　① 陈明对自己的行为感到抱歉。

　　② 他妈妈知道商场里没有垃圾箱。

　　③ 陈明在商场里找不到妈妈了。

　　④ 陈明觉得老奶奶说得太过分了。

5　⑴〜⑸の日本語を中国語に訳し，漢字（簡体字）で書きなさい。
　　（漢字は崩したり略したりせずに書き，文中・文末には句読点や疑問符をつけること。）

（20点）

⑴ 母はよくわたしの弟にパンを買いに行かせます。

⑵ あなたは中国に留学に行く機会がありますか。

⑶ あしたわたしは駅であなたを待っています。

⑷ わたしは彼の話を聞いて理解できません。

⑸ わたしは先に宿舎に帰って休みます。

リスニング

1 会 話

解答：(1)❸　(2)❹　(3)❶　(4)❷　(5)❹　(6)❷　(7)❸　(8)❶　(9)❷　⑽❹

1. 日常会話でよく使われる問いや発話に対し，正確に受け答えすることができるかどうかを問うています。

(5点×5)

04　(1) 問：你喜欢吃哪国菜?
　　　　　Nǐ xǐhuan chī nǎ guó cài?

あなたはどの国の料理が好きですか。

　　答：① 我非常喜欢做菜。
　　　　　Wǒ fēicháng xǐhuan zuò cài.

わたしは料理を作るのがとても好きです。

　　　　② 我没吃过中国菜。
　　　　　Wǒ méi chīguo Zhōngguó cài.

わたしは中国料理を食べたことがありません。

　　　　❸ 我喜欢吃日本菜。
　　　　　Wǒ xǐhuan chī Rìběn cài.

わたしは日本料理が好きです。

　　　　④ 我每天做法国菜。
　　　　　Wǒ měi tiān zuò Fǎguó cài.

わたしは毎日フランス料理を作ります。

05　(2) 問：你吃早饭了吗?
　　　　　Nǐ chī zǎofàn le ma?

あなたは朝ごはんを食べましたか。

　　答：① 我还没吃午饭。
　　　　　Wǒ hái méi chī wǔfàn.

わたしはまだ昼ごはんを食べていません。

　　　　② 我还没洗澡呢。
　　　　　Wǒ hái méi xǐzǎo ne.

わたしはまだお風呂に入っていません。

　　　　③ 我做好晚饭了。
　　　　　Wǒ zuòhǎo wǎnfàn le.

わたしは晩ごはんを作り終えました。

　　　　❹ 我吃早饭了。
　　　　　Wǒ chī zǎofàn le.

わたしは朝ごはんを食べました。

06　(3) 問：外边还在下雨吗?
　　　　　Wàibian hái zài xià yǔ ma?

外はまだ雨が降っていますか。

　　答：❶ 不下雨了。Bú xià yǔ le.

雨は上がりました。

77

② 还在下雪。Hái zài xià xuě.　　　　まだ雪が降っています。

③ 不下雪了。Bú xià xuě le.　　　　　雪がやみました。

④ 我没带伞。Wǒ méi dài sǎn.　　　　わたしは傘を持っていません。

07 (4) 問：你的汉语说得真好。　　　　あなたの中国語は本当にうまい。
　　　　Nǐ de Hànyǔ shuōde zhēn hǎo.

　　答：① 哪里，我不会日语。　　　　どういたしまして，わたしは日
　　　　　 Nǎli, wǒ bú huì Rìyǔ.　　　　本語ができません。

　　　❷ 哪里，我的汉语还不太好。　　どういたしまして，わたしの中
　　　　　 Nǎli, wǒ de Hànyǔ hái bú tài hǎo.　国語はまだ大してうまくないで
　　　　　　　　　　　　　　　　　すよ。

　　　③ 对，我明天去中国。　　　　はい，わたしはあした中国に行
　　　　　 Duì, wǒ míngtiān qù Zhōngguó.　きます。

　　　④ 对，我也是中国人。　　　　はい，わたしも中国人です。
　　　　　 Duì, wǒ yě shì Zhōngguórén.

08 (5) 問：你今天几点回家?　　　　あなたはきょう何時に家に帰り
　　　　Nǐ jīntiān jǐ diǎn huí jiā?　　　　ますか。

　　答：① 我下午没有课。　　　　わたしは午後授業がありません。
　　　　　 Wǒ xiàwǔ méiyǒu kè.

　　　② 我星期二回得来。　　　　わたしは火曜日に帰ってくるこ
　　　　　 Wǒ xīngqī'èr huídelái.　　　　とができます。

　　　③ 我星期天回不来。　　　　わたしは日曜日には帰ってこら
　　　　　 Wǒ xīngqītiān huíbulái.　　　れません。

　　　❹ 我打算五点回家。　　　　わたしは5時に帰るつもりです。
　　　　　 Wǒ dǎsuan wǔ diǎn huí jiā.

2. 問いと答えだけで終わるのではなく，相手の答えに対してもう一度反応を示す
ことができるかどうかを問うています。　　　　　　　　　　　　(5点×5)

10 (6) A：你平时参加什么体育运动?　　あなたは普段どんなスポーツに
　　　　Nǐ píngshí cānjiā shénme tǐyù yùndòng?　参加しますか。

　　B：我经常打排球。你呢?　　　わたしはいつもバレーボールを
　　　　Wǒ jīngcháng dǎ páiqiú. Nǐ ne?　します。あなたは?

A：① 我常常喝咖啡。
Wǒ chángcháng hē kāfēi.

わたしはよくコーヒーを飲みます。

❷ 我平时踢足球。
Wǒ píngshí tī zúqiú.

わたしは普段サッカーをします。

③ 我弟弟会打乒乓球。
Wǒ dìdi huì dǎ pīngpāngqiú.

わたしの弟は卓球ができます。

④ 我篮球打得不太好。
Wǒ lánqiú dǎde bú tài hǎo.

わたしはバスケットボールがあまりうまくありません。

11 (7) A：我今天去医院了。
Wǒ jīntiān qù yīyuàn le.

わたしはきょう病院に行ってきました。

B：是吗？你生病了吗？
Shì ma? Nǐ shēngbìng le ma?

そうですか。病気になったのですか。

A：① 不是，我看电影去了。
Bú shì, wǒ kàn diànyǐng qù le.

いいえ，映画を観に行きました。

② 是的，我朋友生病了。
Shì de, wǒ péngyou shēngbìng le.

はい，わたしの友達が病気になりました。

❸ 不是，我朋友住院了。
Bú shì, wǒ péngyou zhùyuàn le.

いいえ，友人が入院したのです。

④ 是的，我去看病人了。
Shì de, wǒ qù kàn bìngrén le.

はい，わたしは病人を見舞いに行きました。

12 (8) A：朋友昨天送给我一本书。
Péngyou zuótiān sònggěi wǒ yì běn shū.

友達がきのう本をプレゼントしてくれました。

B：什么书啊？
Shénme shū a?

どんな本ですか。

A：❶ 他送给我一本小说。
Tā sònggěi wǒ yì běn xiǎoshuō.

彼はわたしに小説をプレゼントしてくれました。

② 他送给我一件衣服。
Tā sònggěi wǒ yí jiàn yīfu.

彼はわたしに服をプレゼントしてくれました。

③ 他送给我一台电脑。
Tā sònggěi wǒ yì tái diànnǎo.

彼はわたしにパソコンをプレゼントしてくれました。

④ 他送给我一把雨伞。
Tā sònggěi wǒ yì bǎ yǔsǎn.

彼はわたしに傘をプレゼントしてくれました。

13 (9) A：我去超市买东西，你去吗？
Wǒ qù chāoshì mǎi dōngxi, nǐ qù ma?

　スーパーに買い物に行くけど，あなたは行きますか。

B：我没时间，你自己去吧。
Wǒ méi shíjiān, nǐ zìjǐ qù ba.

　わたしは時間がないから，あなたは自分で行ってください。

A：① 是吗？咱们一起去看看吧。
Shì ma? Zánmen yìqǐ qù kànkan ba.

　そうですか。一緒に見に行ってみましょうよ。

❷ 好吧，你有想买的东西吗？ Hǎo ba, nǐ yǒu xiǎng mǎi de dōngxi ma?

　いいですよ，買いたいものはありますか。

③ 不行，你一个人去超市吧。
Bùxíng, nǐ yí ge rén qù chāoshì ba.

　だめです，あなたひとりでスーパーに行ってください。

④ 可以，我就在超市等你吧。
Kěyǐ, wǒ jiù zài chāoshì děng nǐ ba.

　いいですよ，スーパーで待っています。

14 (10) A：你给李老师打电话了吗？
Nǐ gěi Lǐ lǎoshī dǎ diànhuà le ma?

　李先生に電話しましたか。

B：哎呀，我忘打了，对不起。
Āiyā, wǒ wàng dǎ le, duìbuqǐ.

　ありゃ，掛け忘れました，すみません。

A：① 你也认识李老师吗？
Nǐ yě rènshi Lǐ lǎoshī ma?

　あなたも李先生をご存知ですか。

② 那位就是李老师吧。
Nà wèi jiù shì Lǐ lǎoshī ba.

　あの方が李先生ですよ。

③ 你知道李老师家吗？
Nǐ zhīdao Lǐ lǎoshī jiā ma?

　あなたは李先生の家を知っていますか。

❹ 那我直接给他打吧。
Nà wǒ zhíjiē gěi tā dǎ ba.

　それならわたしが直接掛けますよ。

---

2 長文聴解

解答：(1) ❶ (2) ❷ (3) ❶ (4) ❸ (5) ❹ (6) ❷ (7) ❶ (8) ❹ (9) ❹ (10) ❸

(5 点 × 5)

16 A：喂，木下！我现在已经出门了。你呢？

Wéi, Mùxià! Wǒ xiànzài yǐjīng chūmén le. Nǐ ne?

B：田中，你在哪儿呢？我早就到了。

Tiánzhōng, nǐ zài nǎr ne? Wǒ zǎojiù dào le.

A：(1)我在车站等电车呢。你怎么这么早就到了？

Wǒ zài chēzhàn děng diànchē ne. Nǐ zěnme zhème zǎo jiù dào le?

B：早吗？

Zǎo ma?

A：我们不是说好三点半见面的吗？

Wǒmen bú shì shuōhǎo sān diǎn bàn jiànmiàn de ma?

B：(2)今天的讲演是三点半开始，我们说好的时间是三点。

Jīntiān de jiǎngyǎn shì sān diǎn bàn kāishǐ, wǒmen shuōhǎo de shíjiān shì sān diǎn.

A：是吗？真对不起。

Shì ma? Zhēn duìbuqǐ.

B：你几点能到？

Nǐ jǐ diǎn néng dào?

17 A：我 20 分钟以后一定能到。

Wǒ èrshí fēn zhōng yǐhòu yídìng néng dào.

B：好的。我去书店买一本介绍中国菜的书。

Hǎo de. Wǒ qù shūdiàn mǎi yì běn jièshào Zhōngguó cài de shū.

A：今天让你久等了，晚上我请你吃寿司吧。

Jīntiān ràng nǐ jiǔ děng le, wǎnshang wǒ qǐng nǐ chī shòusī ba.

B：(3)晚上想吃意大利菜。

Wǎnshang xiǎng chī Yìdàlì cài.

A：没问题。(4)书店前边就有一家好吃的意大利餐厅。

Méi wèntí. Shūdiàn qiánbian jiù yǒu yì jiā hǎochī de Yìdàlì cāntīng.

B：我以前也听说那家餐厅很好吃。

Wǒ yǐqián yě tīngshuō nà jiā cāntīng hěn hǎochī.

A：讲演四点半结束，我们先去商店逛逛再吃饭，怎么样？

Jiǎngyǎn sì diǎn bàn jiéshù, wǒmen xiān qù shāngdiàn guàngguang zài chī fàn, zěnmeyàng?

B：当然没问题。(5)我正好想买一双运动鞋。

Dāngrán méi wèntí. Wǒ zhènghǎo xiǎng mǎi yì shuāng yùndòngxié.

A：我想买衬衫和裤子。啊呀，电车来了，一会儿见！

Wǒ xiǎng mǎi chènshān hé kùzi. Āyā, diànchē lái le, yíhuìr jiàn!

B：一会儿见！

Yíhuìr jiàn!

訳：

A：もしもし，木下さん！わたしは今すでに家を出ました。あなたは？

B：田中さん，今どこですか。わたしはとっくに着いていますよ。

A：(1)わたしは駅で電車を待っています。あなたはどうしてそんなに早く着い

たのですか。

B：早いですか。

A：わたしたちは3時半に会うと約束していませんでしたっけ？

B：(2)きょうの講演は3時半に始まるので，わたしたちは3時に会うことにしていましたよ。

A：そうですか。本当にごめんなさい。

B：あなたは何時に着くことができますか。

A：わたしは20分後には必ず着きます。

B：わかりました。わたしは本屋に行って中国料理を紹介した本を買います。

A：きょうはわたしがあなたを長くお待たせしてしまったので，夜はわたしがお寿司をおごりましょう。

B：(3)夜はイタリア料理が食べたいです。

A：大丈夫です。(4)本屋の前においしいイタリアンレストランがあります。

B：わたしも以前そのレストランがおいしいと聞いたことがあります。

A：講演は4時半に終わりますから，わたしたちは先にお店をぶらついてからごはんを食べるのはどうでしょうか。

B：もちろん大丈夫です。(5)わたしはちょうどスニーカーを買いたいと思っていたんです。

A：わたしはシャツとズボンを買いたいです。あっ，電車が来た，またあとでね。

B：では後ほど会いましょう。

---

⑱ (1) 問：田中是在哪儿打的电话?　　　　　　　田中さんはどこで電話していましたか。
　　　 Tiánzhōng shì zài nǎr dǎde diànhuà?

　　答：❶ 在车站。　　　Zài chēzhàn.　　　　駅で。

　　　　② 在书店。　　　Zài shūdiàn.　　　　本屋で。

　　　　③ 在意大利餐厅。 Zài Yìdàlì cāntīng.　イタリアンレストランで。

　　　　④ 在商店。　　　Zài shāngdiàn.　　　商店で。

⑲ (2) 問：今天的讲演几点开始?　　　　　　　　きょうの講演は何時に始まりますか。
　　　 Jīntiān de jiǎngyǎn jǐ diǎn kāishǐ?

　　答：① 3点。　　　　Sān diǎn.　　　　　3時。

　　　　❷ 3点半。　　　Sān diǎn bàn.　　　3時半。

　　　　③ 4点半。　　　Sì diǎn bàn.　　　　4時半。

④ 3点 05 分。　　Sān diǎn líng wǔ fēn.　　3時5分。

20 (3) 問：木下晚上想吃什么？　　　　　　　　　木下さんは夜に何を食べた
　　　　Mùxià wǎnshang xiǎng chī shénme?　　がっていますか。

　　答：❶ 意大利菜。　　Yìdàlì cài.　　イタリア料理。

　　　　② 寿司。　　　　Shòusī.　　　　寿司。

　　　　③ 中国菜。　　　Zhōngguó cài.　　中国料理。

　　　　④ 日本菜。　　　Rìběn cài.　　　日本料理。

21 (4) 問：他们要去的那家餐厅在哪儿？　　　　彼らが行きたいと思っていた
　　　　Tāmen yào qù de nà jiā cāntīng zài nǎr?　そのレストランはどこにあり
　　　　　　　　　　　　　　　　　　　　　　　ますか。

　　答：① 商店右边。　　Shāngdiàn yòubian.　商店の右側。

　　　　② 车站前边。　　Chēzhàn qiánbian.　駅の前。

　　　　❸ 书店前边。　　Shūdiàn qiánbian.　本屋の前。

　　　　④ 车站后边。　　Chēzhàn hòubian.　駅の後ろ。

22 (5) 問：木下想去商店买什么？　　　　　　　木下さんは商店で何を買いた
　　　　Mùxià xiǎng qù shāngdiàn mǎi shénme?　いと思っていますか。

　　答：① 裤子。　　　　Kùzi.　　　　　ズボン。

　　　　② 衬衫。　　　　Chènshān.　　　シャツ。

　　　　③ 中文书。　　　Zhōngwén shū.　中国語の本。

　　　　❹ 运动鞋。　　　Yùndòngxié.　　スニーカー。

日本の会社で仕事をしている李平の同僚でイギリス人のジョンは，東京の大学に留
学中に中国語の授業で知り合ったガールフレンド鈴木美香さんと毎週土曜日には中
国語で会話することにしている。

(5点×5)

30　　(6)我叫李平，现在在一家日本的电脑公司工作。我们公司有很多外国的
职员。(7)我的同事约翰是英国人，他来日本已经 8 年了。(8)他先在东京的一所
大学留学，学习经济，大学毕业后进了现在的公司。(10)他的女朋友是日本人，
叫铃木美香。(9)他们是在大学的汉语课上认识的。

约翰的汉语是来日本以后才开始学习的。约翰和中国留学生经常在一起 5
说汉语，所以现在他的汉语说得跟日语一样好。约翰和铃木在一起的时候经
常说日语，为了不忘记汉语，他们决定每个星期六说汉语。上个星期六约翰
和铃木一起参加晚会，他们一直说汉语。公司的同事问约翰："你的女朋友
不是日本人吗？"约翰指着铃木笑着说："是啊。每到星期六，我的女朋友
就成为一名中国人。"
10

Wǒ jiào Lǐ Píng, xiànzài zài yì jiā Rìběn de diànnǎo gōngsī gōngzuò. Wǒmen
gōngsī yǒu hěn duō wàiguó de zhíyuán. Wǒ de tóngshì Yuēhàn shì Yīngguórén, tā
lái Rìběn yǐjīng bā nián le. Tā xiān zài Dōngjīng de yì suǒ dàxué liúxué, xuéxí jīngjì,
dàxué bìyè hòu jìnle xiànzài de gōngsī. Tā de nǚpéngyou shì Rìběnrén, jiào Língmù
Měixiāng. Tāmen shì zài dàxué de Hànyǔ kè shang rènshi de.

Yuēhàn de Hànyǔ shì lái Rìběn yǐhòu cái kāishǐ xuéxí de. Yuēhàn hé Zhōngguó
liúxuéshēng jīngcháng zài yìqǐ shuō Hànyǔ, suǒyǐ xiànzài tā de Hànyǔ shuōde gēn
Rìyǔ yíyàng hǎo. Yuēhàn hé Língmù zài yìqǐ de shíhou jīngcháng shuō Rìyǔ, wèile
bú wàngjì Hànyǔ, tāmen juédìng měi ge xīngqīliù shuō Hànyǔ. Shàng ge xīngqīliù
Yuēhàn hé Língmù yìqǐ cānjiā wǎnhuì, tāmen yìzhí shuō Hànyǔ. Gōngsī de tóngshì
wèn Yuēhàn: "Nǐ de nǚpéngyou bú shì Rìběnrén ma?" Yuēhàn zhǐzhe Língmù
xiàozhe shuō: "Shì a. Měi dào xīngqīliù, wǒ de nǚpéngyou jiù chéngwéi yì míng
Zhōngguórén."

訳：(6)わたしは李平といい，いまある日本のパソコンの会社で働いています。
我々の会社は多くの外国人の社員がいます。(7)わたしの同僚のジョンはイギリ
ス人で日本に来て8年になります。(8)彼はまず東京の大学に留学し，経済を学び，
大学卒業後に現在の会社に入りました。(10)彼のガールフレンドは日本人で，鈴
木美香といいます。(9)彼らは大学の中国語の授業で知り合いました。

ジョンの中国語は日本に来てから学び始めたものです。ジョンは中国人留学
生といつも一緒に中国語を話したので，現在彼の中国語は日本語と同じぐらい
上手になりました。ジョンと鈴木さんが一緒に居る時にはいつも日本語を話し，
中国語を忘れないために，彼らは毎週土曜日には中国語を話すことに決めまし
た。先週の土曜日にジョンと鈴木さんは夜のパーティーに参加しました。彼ら
はずっと中国語を話しました。会社の同僚がジョンに尋ねました。「あなたの
彼女は日本人ではないの？」ジョンは鈴木さんを指さして笑いながら「そうで
す。毎週土曜日になるとわたしの彼女は中国人になるのです。」と言いました。

32 (6) 問：约翰现在在做什么?
Yuēhàn xiànzài zài zuò shénme?

ジョンは今何をしていますか。

答：① 他在东京的一所大学留学。
Tā zài Dōngjīng de yì suǒ dàxué liúxué.

彼は東京のある大学に留学しています。

❷ 他是一家电脑公司的职员。
Tā shì yì jiā diànnǎo gōngsī de zhíyuán.

彼はあるパソコンの会社の社員です。

③ 他在英国一家日本公司工作。
Tā zài Yīngguó yì jiā Rìběn gōngsī gōngzuò.

彼はイギリスである日本の会社に勤めています。

④ 他是东京一所大学的老师。
Tā shì Dōngjīng yì suǒ dàxué de lǎoshī.

彼は東京のある大学の先生です。

33 (7) 問：李平和约翰是什么关系?
Lǐ Píng hé Yuēhàn shì shénme guānxi?

李平とジョンはどんな間柄ですか。

答：❶ 他们是同一个公司的同事。
Tāmen shì tóng yí ge gōngsī de tóngshì.

彼らは同じ会社の同僚です。

② 他们是同一个大学的同学。
Tāmen shì tóng yí ge dàxué de tóngxué.

彼らは同じ大学の同級生です。

③ 李平是约翰的汉语老师。
Lǐ Píng shì Yuēhàn de Hànyǔ lǎoshī.

李平はジョンの中国語の先生です。

④ 约翰是李平的英语老师。
Yuēhàn shì Lǐ Píng de Yīngyǔ lǎoshī.

ジョンは李平の英語の先生です。

34 (8) 問：约翰的专业是什么?
Yuēhàn de zhuānyè shì shénme?

ジョンの専門は何ですか。

答：① 日语。　　　Rìyǔ.

日本語。

② 汉语。　　　Hànyǔ.

中国語。

③ 英语。　　　Yīngyǔ.

英語。

❹ 经济。　　　Jīngjì.

経済。

35 (9) 問：约翰和他的女朋友是怎么认识的?
Yuēhàn hé tā de nǚpéngyou shì zěnme rènshi de?

ジョンと彼のガールフレンドはどのように知り合いましたか。

答：① 他们是在一起工作时认识的。
Tāmen shì zài yìqǐ gōngzuò shí rènshi de.

彼らは一緒に仕事をしている時に知り合った。

② 他们是在英国留学时认识的。
Tāmen shì zài Yīngguó liúxué shí rènshi de.

彼らはイギリスに留学している時に知り合った。

③ 他们是在晚会上认识的。
Tāmen shì zài wǎnhuì shang rènshi de.

彼らは夜のパーティーで知り合った。

❹ 他们是在上汉语课时认识的。
Tāmen shì zài shàng Hànyǔ kè shí rènshi de.

彼らは中国語の授業に出ていた時に知り合った。

36 (10) 問：与本文内容不相符的是以下哪一项？
Yǔ běnwén nèiróng bù xiāngfú de shì yǐxià nǎ yí xiàng?

本文の内容と一致しないものは，次のどれですか。

答：① 约翰现在是公司职员。
Yuēhàn xiànzài shì gōngsī zhíyuán.

ジョンは現在は会社員です。

② 约翰的汉语和日语一样好。
Yuēhàn de Hànyǔ hé Rìyǔ yíyàng hǎo.

ジョンの中国語は日本語と同じように上手です。

❸ 约翰的女朋友是中国人。
Yuēhàn de nǚpéngyou shì Zhōngguórén.

ジョンのガールフレンドは中国人です。

④ 约翰和女朋友经常说日语。
Yuēhàn hé nǚpéngyou jīngcháng shuō Rìyǔ.

ジョンと彼のガールフレンドはいつも日本語を話します。

筆 記

1 ピンイン表記・声調

解答：(1)❶ (2)❷ (3)❸ (4)❶ (5)❹ (6)❹ (7)❸ (8)❶ (9)❸ (10)❶

1. 2音節の単語の声調パターンが身に付いているかどうかを問うています。単語を覚えるときは，漢字の書き方や意味だけでなしに声調もしっかり身に付けましょう。

(2点×5)

(1) 文化 wénhuà（文化）
- ❶ 愉快 yúkuài （愉快だ）
- ② 首都 shǒudū （首都）
- ③ 年轻 niánqīng （若い）
- ④ 永远 yǒngyuǎn （永遠に）

(2) 开始 kāishǐ（始める）
- ① 优秀 yōuxiù （優秀だ）
- ❷ 方法 fāngfǎ （方法）
- ③ 口袋 kǒudài （ポケット）
- ④ 翻译 fānyì （翻訳する）

(3) 练习 liànxí（練習する）
- ① 贸易 màoyì （貿易）
- ② 政府 zhèngfǔ （政府）
- ❸ 绿茶 lùchá （緑茶）
- ④ 错误 cuòwù （間違った，誤り）

(4) 作品 zuòpǐn（作品）
- ❶ 历史 lìshǐ （歴史）
- ② 赞成 zànchéng （賛成する）
- ③ 校园 xiàoyuán （キャンパス）
- ④ 电视 diànshì （テレビ）

(5) 书架 shūjià（本棚）
- ① 果汁 guǒzhī （ジュース）
- ② 风景 fēngjǐng （風景）
- ③ 香蕉 xiāngjiāo （バナナ）
- ❹ 生命 shēngmìng （生命）

2. ピンインを正確に覚えているかどうかを問うています。正しく発音することができるかどうかは，ピンインによるチェックが効果的です。 (2点 × 5)

(6) 检查（検査する）

① qiǎnchá　　② qiǎnzhá　　③ jiǎnzhá　　❹ **jiǎnchá**

(7) 律师（弁護士）

① lùshī　　② lùsī　　❸ **lùshī**　　④ lùsī

(8) 考试（試験）

❶ **kǎoshì**　　② kǎosì　　③ kǒushì　　④ kǒusì

(9) 几乎（ほとんど）

① qǐhū　　② jǐhū　　❸ **jīhū**　　④ qīhù

(10) 比较（比較的）

❶ **bǐjiào**　　② pǐjiào　　③ bǐqiáo　　④ pǐqiǎo

---

2 空欄補充

解答：(1)❸　(2)❹　(3)❶　(4)❷　(5)❸　(6)❹　(7)❶　(8)❶　(9)❷　(10)❹

空欄に入る語句はいずれも文法上のキーワードです。 (2点 × 10)

(1) 我一见到他（ 就 ）喜欢上了他。　　わたしは一目見て彼を好きになりました。
　　Wǒ yí jiàndào tā jiù xǐhuanshàngle tā.

① 才 cái　　② 还 hái　　❸ **就 jiù**　　④ 再 zài

> 　副詞の問題です。"一…就…"で「…するとすぐに…」という呼応形になります。"才"は「ようやく」，"还"は「まだ」，"再"はこれから行われる動作の繰り返しを表す「もう一度」という意味です。

(2) 同学们认真（ 地 ）学习英语。　　クラスメートたちは真面目に英語を勉強しています。
　　Tóngxuémen rènzhēn de xuéxí Yīngyǔ.

① 的 de　　② 得 de　　③ 个 ge　　❹ **地 de**

> 　動詞"学习"にかかり，"认真"とともに連用修飾語を構成する助詞の"地"を選びます。"的"は名詞にかかり連体修飾語を作る助詞，"得"は様態補語を構成する助詞，"个"は個数を数える量詞です。

(3) 我每个星期有四（**节**）汉语课，你呢?　　わたしは毎週4コマの中国語の
Wǒ měi ge xīngqī yǒu sì jié Hànyǔ kè, nǐ ne?　授業がありますが，あなたは？

❶ 节 jié　　　② 篇 piān　　　③ 件 jiàn　　　④ 片 piàn

> 量詞の問題です。"课"（授業）の時間（コマ）数のように時間を区切りで数えるのは "节" です。"篇" は文章を，"件" は衣服や事柄を，"片" はパンや葉など薄く扁平なものあるいはかけらを数えます。

(4)（**只有**）不断努力，才能取得好成绩。　　努力を続けてこそ，いい成績が
Zhǐyǒu búduàn nǔlì, cái néng qǔdé hǎo chéngjì.　とれるのです。

① 具有 jùyǒu　　　　　　　　　❷ 只有 zhǐyǒu
③ 还有 háiyǒu　　　　　　　　　④ 只要 zhǐyào

> "才" と呼応して用い，「…してはじめて」という意味となる接続詞 "只有" を選び，唯一条件を表します。"具有" は動詞「備える，もつ」，"还有" は接続詞「そのうえ」，"只要" は接続詞「…しさえすれば」で "就" や "便" と呼応し，必要条件を表します。

(5) 你（**怎么**）没有洗澡就睡觉了?　　あなたはどうしてお風呂に入ら
Nǐ zěnme méiyou xǐzǎo jiù shuìjiào le?　ずに寝てしまったのですか。

① 什么 shénme　　　　　　　　② 这么 zhème
❸ 怎么 zěnme　　　　　　　　　④ 怎么样 zěnmeyàng

> 疑問代詞の問題です。「理由・原因」をたずねる "怎么" を選びます。"什么" は「何，どんな」，"这么" は「このように」，"怎么样" は「どんな，どのように」という意味です。

(6) 请（**告诉**）我你的电话号码。　　わたしにあなたの電話番号を
Qǐng gàosu wǒ nǐ de diànhuà hàomǎ.　教えてください。

① 说 shuō　　② 知道 zhīdao　　③ 讲 jiǎng　　❹ 告诉 gàosu

> "我" と "你的电话号码" という2つの目的語を伴っていることから，二重目的語をとる動詞 "告诉" を選びます。他の動詞 "说"（言う）"知道"（分かる）"讲"（説く）はいずれも二重目的語をとることができません。

⑺ 我 （ 从 ）图书馆借了两本书。 　　わたしは図書館から 2 冊の本
　　 Wǒ cóng túshūguǎn jièle liǎng běn shū. 　　を借りました。

❶ 从 cóng 　　② 离 lí 　　③ 对 duì 　　④ 和 hé

　　介詞の問題です。動作の起点（…から）を表す"从"を選びます。"离"
は距離や時間などの隔たりの基点を表し，"对"は「…に対して」と動
作の対象を，"和"は「…と」と動作・行為の相手を示します。

⑻ 我们走 （ 着 ）去吧。 　　我々は歩いて行きましょう。
　　 Wǒmen zǒuzhe qù ba.

❶ 着 zhe 　　② 得 de 　　③ 了 le 　　④ 来 lái

　　「動詞₁＋"着"＋動詞₂」で連動文を構成して「…して…する」という
意味を表す"着"を選びます。動詞₁"走"は動詞₂"去"が表す動作が
どのような方式をとるかを示します。"得"は様態補語や可能補語を作
る構造助詞，"了"は動作や状態の完了，"来"は向かってくるという方
向を表します。

⑼ 他一定 （ 会 ）来的。 　　彼はきっと来るはずだ。
　　 Tā yídìng huì lái de.

① 有 yǒu 　　❷ 会 huì 　　③ 是 shì 　　④ 该 gāi

　　"会…的"で「…するはずだ」という可能性を表す助動詞"会"を選
びます。動詞"有"は所有や存在を，動詞"是"は「…である」，助動
詞"该"は「当然…のはずである，…すべきである」という当然や義務
を表します。

⑽ 你先把作业写完，（ 再 ）看电视吧。 　　まず宿題を書き終えてから，
　　 Nǐ xiān bǎ zuòyè xiěwán, zài kàn diànshì ba. 　　テレビを見なさい。

① 又 yòu 　　② 还 hái 　　③ 也 yě 　　❹ 再 zài

　　副詞の問題です。"先…再…"と呼応して「…してから…」という意
味になる"再"を選び，これから行なわれる動作の繰り返しを表します。
"又"はすでに実現済みのことに対して「また」，"还"は「まだ，さらに」，
"也"は「…も」です。

解答：(1)❹ (2)❷ (3)❸ (4)❷ (5)❹ (6)❹ (7)❶ (8)❷ (9)❶ (10)❸

1. 文法上のキーワードを含む基本的な文を正確に組み立てることができるかどうかを問うています。 (2点×5)

(1) その植木鉢は母に割られてしまいました。

① 妈妈花盆被那个打碎了。

② 妈妈被那个花盆打碎了。

③ 被那个花盆妈妈打碎了。

❹ 那个花盆被妈妈打碎了。Nàge huāpén bèi māma dǎsuì le.

> 介詞 "被" を用いた受身文です。主語の位置には影響を受ける対象である "那个花盆" を，"被" の後ろには行為者 "妈妈" を置きます。述語動詞には結果補語や様態補語など必ず付加成分が必要です。この文では動詞 "打" に結果補語の "碎" を伴っています。

(2) 彼は感謝の言葉さえも口にしませんでした。

① 连他感谢的话都没说。

❷ 他连感谢的话都没说。Tā lián gǎnxiè de huà dōu méi shuō.

③ 感谢他连的话没都说。

④ 他的话都连感谢没说。

> 「…さえも…しなかった」という動作の強調の否定は呼応表現 "连…都没…" を用います。感謝の言葉は "感谢的话"，主語は "他"，動詞は "说"。

(3) 彼のした仕事は君ほど多くはありません。

① 做他的工作没有你多。

② 他的工作没有你做多。

❸ 他做的工作没有你多。Tā zuò de gōngzuò méiyǒu nǐ duō.

④ 他做的工作没你多做。

> 比較文の否定表現は "没有" を用います。主語 A に対して比較対象の B がある場合は「A +"没有"+ B +形容詞」です。

(4) 家の近所にあるアメリカ人が引っ越してきました。

① 美国一个人我家附近搬来了。

❷ 我家附近搬来了一个美国人。Wǒ jiā fùjìn bānlaile yí ge Měiguórén.

③ 一个美国人我家附近搬来了。

④ 附近美国人搬来了一个我家。

> 存現文のうち，出現を表す現象文です。意味上は不特定の「…が」に
> あたる成分"一个美国人"を動詞の後ろに置き，場所を示す成分"我家
> 附近"を動詞の前に置きます。「場所・時間＋出現を表す動詞＋その他
> の成分＋出現する人・モノ」の語順です。意味上の主語が動詞の後に来
> ることに注意しましょう。

(5) 小さい頃，わたしは中国に2年間住んだことがあります。

① 在小时候我中国住过两年。

② 在小时候我中国两年住过。

③ 我小时候两年在中国住过。

❹ 我小时候在中国住过两年。Wǒ xiǎoshíhou zài Zhōngguó zhùguo liǎng nián.

> "两年"という期間を表す時量補語は動詞の後ろに置きます。特定の
> 時点と場所を同時に言い表す場合，多くは時点を表す要素を主語の後ろ
> に置き，「主語＋時点＋"在"＋場所＋動詞」の語順をとります。

2. 与えられた語句を用いて正確に文を組み立てることができるかどうかを問うて
います。 (2点×5)

(6) 彼は英文を読めるのに，一言も話せません。

他看得懂英文，但是 ③ 一句 ② 也 ① 不会 ［ ❹ 说 ］。
Tā kàndedǒng Yīngwén, dànshì yí jù yě bú huì shuō.

> 副詞"也"は数量詞などと呼応して強調表現をつくる場合があります。
> 「一言も」という強調表現の場合，「数量詞"一句"＋"也"」の語順をと
> ります。「話せません」という可能表現は"不会说"です。

(7) 本棚には多くの中国語の雑誌が置いてあります。

书架上 ③ 放着 ② 很多 ［ ❶ 中文 ］ ④ 杂志。
Shūjià shang fàngzhe hěn duō Zhōngwén zázhì.

　　モノや人の存在あるいは出現を表す存現文は，「場所・時間＋動詞＋助詞や補語など＋人・モノ」の語順をとります。動詞の後ろにくる人・モノが意味上の主語となります。「多くの中国語の雑誌」は「"很多"＋"中文"＋"杂志"」の語順です。

(8) あなたの辞書は見つかりましたか。

你的　① 词典　④ 找到　③ 了　[　❷ 没有　]？

Nǐ de cídiǎn zhǎodàole méiyou?

　　「見つかりましたか」という疑問文の語順を問う問題です。主語「あなたの辞書」は，"你的词典"の語順，見つかったか否かを問う疑問表現は「"找到"＋"了"＋"没有"」の語順です。

(9) あなたは誰と映画を観に行ったのですか。

你是　④ 跟　② 谁　[　❶ 一起　]　③ 去　看的电影?

Nǐ shì gēn shéi yìqǐ qù kàn de diànyǐng?

　　"是…的"構文です。動作行為の行われた時間・場所・方式などを取り立てて述べます。「誰と観に行った」は「"跟"＋"谁"＋"一起"＋"去"」の語順で示します。

(10) わたしたちが学校を出たら，突然大雨が降り出しました。

我们刚出校门，就　④ 下　[　❸ 起　]　② 大雨　① 来　了。

Wǒmen gāng chū xiàomén, jiù xiàqǐ dàyǔ lai le.

　　現象文"下大雨"と複合方向補語"起来"の問題です。動詞"下"の直後に方向補語"起"が付き，「…が」にあたる名詞成分"大雨"が，複合方向補語"起来"の間に入ります。

4 長文読解

解答：(1) ❷　(2) ❷　(3) ❶　(4) ❸　(5) ❹　(6) ❶

まとまった内容の長文を正確に理解できるかどうかを問うています。

　　星期三下午考完试，陈明觉得很轻松。他和妈妈一起去了离家不远的大商场。他们先在一楼买了一些食品后，又去了三楼给爸爸买夏天穿的衬衫。

陈明对买衣服这件事一点儿都不感兴趣，所以就坐在店里的椅子上等着妈妈。

过了一会儿，他 (1)有点儿 渴了，就从书包里拿出一瓶矿泉水，一口气喝完后，想扔空瓶时才发现附近没有垃圾箱，于是他就把手里的空瓶放在 5
了地上。这时候，一个工作人员推着垃圾车走过来了，问陈明："这个空瓶是你的吗？"陈明说："是"。工作人员又说："如果不要了，可以放到垃圾车里去，(2)不要 随便乱扔。"

(6)陈明非常不好意思，马上 (3)对 他说："对不起，我刚才也想扔到垃圾箱里去的，可是没找着垃圾箱，就放在地上了。"陈明 (4)一边 说 (4)一边 10
把地上的空瓶拿起来，扔进了垃圾车。坐在旁边椅子上的老奶奶笑着说："讲文明不难，就是在日常生活中的小事上注意自己的言行，(5)所以 我们每个人都能做到。"陈明说："您说得太对了，今后我一定做一个讲文明、懂礼貌的好孩子。"

Xīngqīsān xiàwǔ kǎowán shì, Chén Míng juéde hěn qīngsōng. Tā hé māma yìqǐ qùle lí jiā bù yuǎn de dà shāngchǎng. Tāmen xiān zài yī lóu mǎile yìxiē shípǐn hòu, yòu qùle sān lóu gěi bàba mǎi xiàtiān chuān de chènshān. Chén Míng duì mǎi yīfu zhè jiàn shì yìdiǎnr dōu bù gǎn xìngqù, suǒyǐ jiù zuòzài diànli de yǐzi shang děngzhe māma.

Guòle yíhuìr, tā yǒudiǎnr kě le, jiù cóng shūbāo li náchū yì píng kuàngquánshuǐ, yìkǒuqì hēwán hòu, xiǎng rēng kōngpíng shí cái fāxiàn fùjìn méiyǒu lājīxiāng, yúshì tā jiù bǎ shǒuli de kōngpíng fàngzàile dìshang. Zhè shíhou, yí ge gōngzuò rényuán tuīzhe lājīchē zǒuguolai le, wèn Chén Míng: "Zhège kōngpíng shì nǐ de ma?" Chén Míng shuō: "Shì". Gōngzuòrényuán yòu shuō: "Rúguǒ bú yào le, kěyǐ fàngdào lājīchē li qu, búyào suíbiàn luàn rēng."

Chén Míng fēicháng bù hǎoyìsi, mǎshàng duì tā shuō: "Duìbuqǐ, wǒ gāngcái yě xiǎng rēngdào lājīxiāng li qu de, kěshì méi zhǎozháo lājīxiāng, jiù fàngzài dìshang le." Chén Míng yìbiān shuō yìbiān bǎ dìshang de kōngpíng náqilai, rēngjìnle lājīchē. Zuòzài pángbiān yǐzi shang de lǎo nǎinai xiàozhe shuō: "Jiǎng wénmíng bù nán, jiù shì zài rìcháng shēnghuó zhōng de xiǎoshì shang zhùyì zìjǐ de yánxíng, suǒyǐ wǒmen měi ge rén dōu néng zuòdào." Chén Míng shuō: "Nín shuōde tài duì le, jīnhòu wǒ yídìng zuò yí ge jiǎng wénmíng、dǒng lǐmào de hǎo háizi."

訳：水曜日の午後に試験が終わったので，陳明は気が楽になった。彼はお母さんと一緒に家から遠くない大型スーパーに行った。先に1階で食品を買ったあと，さらに3階に行きお父さんのために夏用のシャツを買いに行った。陳明は

服を買うことには全く興味がなかったので，店の椅子に腰かけてお母さんを待っていた。

　しばらくすると，彼は少し喉が渇いたので，鞄から 1 本のミネラルウォーターを取り出し，一気に飲み干した後，空いた瓶を捨てようとした時に近くにゴミ箱がないことがわかり，そこで手に持っていた空瓶を床に置いた。この時，1 人の職員がゴミのカートを押しながらやってきて，陳明に尋ねた。「この空き瓶はあなたのですか。」陳明は「はい」と答えた。職員はさらに言った。「もし要らないのなら，ゴミのカートに入れてもいいが，どこにでも勝手に捨てちゃだめだよ。」

　(6)陳明はとても申しわけなく思って，すぐに彼に言った。「すみません，いまさっきゴミ箱に捨てようと思ったんだけど，ゴミ箱が見つからなくて，床に置いてしまったんです。」陳明はそう言いながら床の空瓶を手に取って，ゴミのカートに捨てた。そばの椅子に腰かけていたおばあさんが笑いながら言った。「マナーを守るのは難しくはありません。日常生活の些細なことで自分の言動に注意すればいいのです。ですから，どんな人でもみんな実行することができるんです。」陳明は言った。「おっしゃることは本当にその通りです，これから僕は必ずマナーを守って，礼儀をわきまえたいい子になるよ。」

(1) 空欄補充 (3点)

① 一点儿 yìdiǎnr 　　　 ❷ 有点儿 yǒudiǎnr

③ 一些 yìxiē 　　　 ④ 一下 yíxià

　いずれも「少し」の意を表しますが，ここは"有点儿"が正解です。形容詞"渴"（のどが渇く）の前に置くのは副詞であり，また"渴"は望ましくない内容です。"有点儿"は形容詞の前に用いて，多く望ましくないことをいいます。"一点儿"は動詞や形容詞の後ろに，"一些"は名詞の前に，"一下"は動詞の後ろに用いて「ちょっと…する」という意味です。

(2) 空欄補充 (3点)

① 不想 bù xiǎng 　 ❷ 不要 búyào 　 ③ 不会 bú huì 　 ④ 不用 búyòng

　空瓶を床に放置した陳明に対する職員の言葉ですから，「してはいけない」と禁止を表す"不要"を選びます。"不想"は願望の否定「…したくない」，"不会"は不可能「…できない，ありえない」，"不用"は必要性の否定「…する必要がない」です。

(3) 空欄補充　　　　　　　　　　　　　　　　　　　　　　　　　　　（3点）

❶ 对 duì　　　　② 向 xiàng　　　　③ 替 tì　　　　④ 为 wèi

> 　介詞の問題です。動詞"说"の対象を導き，「…に対して言う」という意味の"对"を選びます。"向"は「…に向かって」，"替"は「…に代わって」，"为"は「…のために」です。

(4) 空欄補充（2か所）　　　　　　　　　　　　　　　　　　　　　　（4点）

① 有的…有的… yǒude…yǒude…　　　② 又…又… yòu…yòu…

❸ 一边…一边… yìbiān…yìbiān…　　④ 或者…或者… huòzhě…huòzhě…

> 　1つ目の空欄の後ろは動詞"说"，2つ目の空欄の後ろに続く介詞"把"を使った動詞句"把地上的空瓶拿起来"から「…しながら…する」という意味の"一边…一边…"を選びます。"有的…有的…"は「あるものは…あるものは…」，"又…又…"は2つの動作が前後して行われることを表す「…してはまた…する」，"或者…或者…"は2つの事柄から1つを選択するのに用いる「…か，それとも…か」です。

(5) 空欄補充　　　　　　　　　　　　　　　　　　　　　　　　　　（3点）

① 因为 yīnwei　② 虽然 suīrán　③ 可是 kěshì　❹ 所以 suǒyǐ

> 　接続詞の問題です。陳明に対しておばあさんが「マナーを守るのは難しくない」と言ったうえで「どんな人でもみんなすることができる」と続けていることから，結論を述べる接続詞"所以"を選びます。"因为"（…なので）は原因・理由を，"虽然"（ではあるが）はいったん事実を認めたうえで逆接の接続詞と呼応して譲歩や事実の承認を，"可是"（しかし）は逆接を表します。

(6) 内容一致　　　　　　　　　　　　　　　　　　　　　　　　　　（4点）

❶ 陈明对自己的行为感到抱歉。
　　Chén Míng duì zìjǐ de xíngwéi gǎndào bàoqiàn.
　　陳明は自分の行為に対して申し訳なく感じた。

② 他妈妈知道商场里没有垃圾箱。
　　Tā māma zhīdao shāngchǎng li méiyǒu lājīxiāng.
　　彼の母親は大型スーパーにゴミ箱がないことを知っていた。

③ 陈明在商场里找不到妈妈了。

Chén Míng zài shāngchǎng li zhǎobudào māma le.

陳明は大型スーパーで母親を見つけられなかった。

④ 陈明觉得老奶奶说得太过分了。

Chén Míng juéde lǎo nǎinai shuōde tài guòfèn le.

陳明はおばあさんはあまりに言い過ぎだと思った。

9 行目に"陈明非常不好意思"とあるので①の内容が一致します。

5 日文中訳 (4点 × 5)

(1) 母はよくわたしの弟にパンを買いに行かせます。

妈妈常常叫我弟弟去买面包。

Māma chángcháng jiào wǒ dìdi qù mǎi miànbāo.

使役文です。「A は B に…させる」は「A +"叫／让"+ B +動詞（句)」です。B は"我弟弟",動詞句は"去买面包"。「よく」という副詞"常常"は（使役）動詞"叫／让"の前に置きます。

(2) あなたは中国に留学に行く機会がありますか。

你有机会去中国留学吗?

Nǐ yǒu jīhui qù Zhōngguó liúxué ma?

動詞"有"を用いる文には，名詞を後ろから修飾するタイプがあります。まず"有机会"と言っておいて，その"机会"について，"去中国留学"と後ろから補足説明する動詞句を置きます（後置修飾)。「留学に行く機会がある」は"去中国留学"を"有机会"の後ろに置くのが自然です。

(3) あしたわたしは駅であなたを待っています。

我明天在车站等你。

Wǒ míngtiān zài chēzhàn děng nǐ.

時点を表す"明天"は主語"我"の直前または直後に置きます。「（場所)で…する」は「"在"+場所+動詞」の語順で表します。「駅で」は介詞"在"を用いて"在车站",「待つ」は動詞"等"を用います。

⑷ わたしは彼の話を聞いて理解できません。

我听不懂他的话。

Wǒ tīngbudǒng tā de huà.

> 可能補語を用います。「聞いて理解できる」"听得懂"の否定「聞いて理解できない」は「動詞 "听" + "不" + "懂"」です。助動詞を用いて "我不能听懂他的话。" と訳すこともできます。

⑸ わたしは先に宿舎に帰って休みます。

我先回宿舍休息。

Wǒ xiān huí sùshè xiūxi.

> 連動文です。「帰る」と「休む」という2つの動詞を行為が行われる順に並べます。「先に」は副詞 "先" を動詞 "回" の前に, 時間軸にそって休む "休息" をその後ろに置きます。

2 音節語の声調の組み合わせ

　中検 4 級および 3 級の試験において，これまでに声調の組み合わせを問う問題として出題された単語の一部を下に掲げる。各組み合わせ 5 語のうち初めの 3 語は名詞，後の 2 語は動詞または形容詞である。繰り返し音読して 2 音節語の声調の組み合わせを身に付けられたい。

<table>
<tr><td colspan="3">① 第 1 声＋第 1 声</td><td colspan="3">⑥ 第 2 声＋第 1 声</td></tr>
<tr><td>□ 餐厅 cāntīng</td><td>食堂</td><td></td><td>□ 房间 fángjiān</td><td>部屋，ルーム</td></tr>
<tr><td>□ 飞机 fēijī</td><td>飛行機</td><td></td><td>□ 毛巾 máojīn</td><td>タオル</td></tr>
<tr><td>□ 公司 gōngsī</td><td>会社</td><td></td><td>□ 钱包 qiánbāo</td><td>財布</td></tr>
<tr><td>□ 出差 chūchāi</td><td>出張する</td><td></td><td>□ 滑冰 huábīng</td><td>スケートをする</td></tr>
<tr><td>□ 开车 kāichē</td><td>車を運転する</td><td></td><td>□ 年轻 niánqīng</td><td>年が若い</td></tr>
<tr><td colspan="3">② 第 1 声＋第 2 声</td><td colspan="3">⑦ 第 2 声＋第 2 声</td></tr>
<tr><td>□ 公园 gōngyuán</td><td>公園</td><td></td><td>□ 厨房 chúfáng</td><td>台所，調理室</td></tr>
<tr><td>□ 新闻 xīnwén</td><td>ニュース</td><td></td><td>□ 银行 yínháng</td><td>銀行</td></tr>
<tr><td>□ 周围 zhōuwéi</td><td>まわり，周囲</td><td></td><td>□ 邮局 yóujú</td><td>郵便局</td></tr>
<tr><td>□ 帮忙 bāngmáng</td><td>手伝う</td><td></td><td>□ 学习 xuéxí</td><td>学習する</td></tr>
<tr><td>□ 光明 guāngmíng</td><td>明るい</td><td></td><td>□ 头疼 tóuténg</td><td>頭が痛い</td></tr>
<tr><td colspan="3">③ 第 1 声＋第 3 声</td><td colspan="3">⑧ 第 2 声＋第 3 声</td></tr>
<tr><td>□ 黑板 hēibǎn</td><td>黒板</td><td></td><td>□ 传统 chuántǒng</td><td>伝統</td></tr>
<tr><td>□ 家长 jiāzhǎng</td><td>父兄，保護者</td><td></td><td>□ 啤酒 píjiǔ</td><td>ビール</td></tr>
<tr><td>□ 铅笔 qiānbǐ</td><td>鉛筆</td><td></td><td>□ 苹果 píngguǒ</td><td>リンゴ</td></tr>
<tr><td>□ 开始 kāishǐ</td><td>始める</td><td></td><td>□ 游泳 yóuyǒng</td><td>泳ぐ</td></tr>
<tr><td>□ 危险 wēixiǎn</td><td>危ない</td><td></td><td>□ 明显 míngxiǎn</td><td>はっきりしている</td></tr>
<tr><td colspan="3">④ 第 1 声＋第 4 声</td><td colspan="3">⑨ 第 2 声＋第 4 声</td></tr>
<tr><td>□ 车站 chēzhàn</td><td>駅</td><td></td><td>□ 环境 huánjìng</td><td>環境，状況</td></tr>
<tr><td>□ 工作 gōngzuò</td><td>仕事，業務</td><td></td><td>□ 节目 jiémù</td><td>番組</td></tr>
<tr><td>□ 商店 shāngdiàn</td><td>商店，店</td><td></td><td>□ 名片 míngpiàn</td><td>名刺</td></tr>
<tr><td>□ 关照 guānzhào</td><td>世話をする</td><td></td><td>□ 同意 tóngyì</td><td>同意する</td></tr>
<tr><td>□ 亲切 qīnqiè</td><td>親密だ</td><td></td><td>□ 流利 liúlì</td><td>流暢だ</td></tr>
<tr><td colspan="3">⑤ 第 1 声＋軽声</td><td colspan="3">⑩ 第 2 声＋軽声</td></tr>
<tr><td>□ 机器 jī·qì</td><td>機械</td><td></td><td>□ 孩子 hái·zi</td><td>子供</td></tr>
<tr><td>□ 窗户 chuāng·hu</td><td>窓</td><td></td><td>□ 名字 míng·zi</td><td>名前</td></tr>
<tr><td>□ 西瓜 xī·guā</td><td>スイカ</td><td></td><td>□ 朋友 péng·you</td><td>友人</td></tr>
<tr><td>□ 商量 shāng·liang</td><td>相談する</td><td></td><td>□ 觉得 jué·de</td><td>覚える，感じる</td></tr>
<tr><td>□ 舒服 shū·fu</td><td>気持ちがよい</td><td></td><td>□ 便宜 pián·yi</td><td>値段が安い</td></tr>
</table>

〈軽声について〉　軽声になる音節の前には chuāng·hu（窗户）のように・印を付けてある。xī·guā（西瓜），fù·qīn（父亲）のように・印の後の音節に声調が付いているものは，その音節が場合によって軽声にも非軽声にも発音されることを示している。

11　第3声＋第1声

□ 海关 hǎiguān　　税関
□ 老师 lǎoshī　　（学校の）先生
□ 手机 shǒujī　　携帯電話
□ 打工 dǎgōng　　アルバイトをする
□ 主张 zhǔzhāng　　主張する

12　第3声＋第2声

□ 导游 dǎoyóu　　旅行ガイド
□ 法国 Fǎguó　　フランス
□ 感情 gǎnqíng　　感情
□ 解决 jiějué　　解決する
□ 旅行 lǚxíng　　旅行する

13　第3声＋第3声

□ 老板 lǎobǎn　　商店の主人
□ 手表 shǒubiǎo　　腕時計
□ 水果 shuǐguǒ　　果物
□ 洗澡 xǐzǎo　　入浴する
□ 理想 lǐxiǎng　　理想的だ

14　第3声＋第4声

□ 比赛 bǐsài　　競技，試合
□ 礼物 lǐwù　　贈り物
□ 领带 lǐngdài　　ネクタイ
□ 访问 fǎngwèn　　訪ねる
□ 满意 mǎnyì　　満足する

15　第3声＋軽声

□ 耳朵 ěr·duo　　耳
□ 口袋 kǒu·dai　　ポケット
□ 眼睛 yǎn·jing　　目
□ 喜欢 xǐ·huan　　好む，愛する
□ 暖和 nuǎn·huo　　暖かい

16　第4声＋第1声

□ 电梯 diàntī　　エレベーター
□ 故乡 gùxiāng　　故郷，ふるさと
□ 面包 miànbāo　　パン
□ 上班 shàngbān　　出勤する
□ 健康 jiànkāng　　健康だ

17　第4声＋第2声

□ 课文 kèwén　　テキストの本文
□ 面条 miàntiáo　　うどん
□ 问题 wèntí　　問題，質問
□ 上学 shàngxué　　学校へ行く
□ 复杂 fùzá　　複雑だ

18　第4声＋第3声

□ 傍晚 bàngwǎn　　夕方，日暮れ
□ 报纸 bàozhǐ　　新聞
□ 电脑 diànnǎo　　コンピューター
□ 跳舞 tiàowǔ　　ダンスをする
□ 刻苦 kèkǔ　　苦労を重ねる

19　第4声＋第4声

□ 电视 diànshì　　テレビ
□ 饭店 fàndiàn　　ホテル
□ 护照 hùzhào　　パスポート
□ 毕业 bìyè　　卒業する
□ 锻炼 duànliàn　　鍛える

20　第4声＋軽声

□ 父亲 fù·qīn　　お父さん
□ 豆腐 dòu·fu　　豆腐
□ 态度 tài·dù　　態度，ふるまい
□ 告诉 gào·su　　告げる，知らせる
□ 厉害 lì·hai　　ひどい，激しい

中国語検定試験について

　一般財団法人 日本中国語検定協会が実施し，中国語運用能力を認定する試験です。受験資格の制限はありません。また，目や耳，肢体などが不自由な方には特別対応を講じます。中国語検定試験の概要は以下のとおりです。詳しくは後掲（104 頁）の日本中国語検定協会のホームページや，協会が発行する「受験案内」をご覧いただくか，協会に直接お問い合わせください。

認定基準と試験内容

準4級	**中国語学習の準備完了** 学習を進めていくうえでの基礎的知識を身につけている。 （一般大学の第二外国語において半年以上，高等学校において一年以上，中国語専門学校・講習会等において半年以上の学習程度。） 基礎単語約 500，日常あいさつ語約 80 から ○単語・語句の発音，数を含む表現，日常生活における基本的な問答及びあいさつ表現の聞き取り ○単語・語句のピンイン表記 ○基礎的な文法事項及び単文の組み立て ○簡体字の書き取り
4　級	**中国語の基礎をマスター** 平易な中国語を聞き，話すことができる。 （一般大学の第二外国語において一年以上の学習程度。） 常用語約 1,000 から ○日常生活における基本的な問答，比較的長い会話文または文章の聞き取りと内容理解 ○単語・語句のピンイン表記・声調 ○基本的な文法事項及び文法事項を含む単文の組み立て ○比較的長い文章の内容理解 ○日本語の中国語訳（記述式）
3　級	**自力で応用力を養いうる能力の保証（一般的事項のマスター）** 基本的な文章を読み，書くことができる。 簡単な日常会話ができる。 （一般大学の第二外国語において二年以上の学習程度。） 常用語約 2,000 から ○日常生活における基本的な問答，比較的長い会話文または文章の聞き取りと内容理解 ○単語・語句のピンイン表記・声調 ○基本的な文法事項及び文法事項を含む単文・複文の組み立て ○比較的長い文章の内容理解 ○日本語の中国語訳（記述式）

2 級	**実務能力の基礎づくり完成の保証** 複文を含むやや高度な中国語の文章を読み，3級程度の文章を書くことができる。 日常的な話題での会話ができる。 日常生活全般及び社会生活の基本的事項における中国語から ○日常会話及び長文の聞き取りと内容理解 ○長文読解と長文中の語句に関する理解 ○正しい語順と語句の用法，熟語・慣用句を含む語句の解釈 ○長文中の指定語句の書き取り及び指定文の日本語訳（記述式） ○日本語の中国語訳（記述式） ○与えられた語句を用いたテーマに沿った中国語作文（記述式）
準1級	**実務に即従事しうる能力の保証（全般的事項のマスター）** 社会生活に必要な中国語を基本的に習得し，通常の文章の中国語訳・日本語訳，簡単な通訳ができる。 日常生活及び社会生活全般における，新聞・雑誌・文学作品・実用文のほか，時事用語などを含むやや難度の高い中国語から **（一次）** ○長文の聞き取りと内容理解 ○長文中の指定文の書き取り（記述式） ○長文読解と長文中の語句に関する理解 ○語句の用法，熟語・慣用句を含む語句の解釈 ○長文中の指定語句の書き取り及び指定文の日本語訳（記述式） ○比較的長い日本語の中国語訳（記述式） ○与えられた語句を用いたテーマに沿った中国語作文（記述式） **（二次）** ○日常会話，簡単な日本語・中国語の逐次通訳及び中国語スピーチ
1 級	**高いレベルで中国語を駆使しうる能力の保証** 高度な読解力・表現力を有し，複雑な中国語及び日本語（あいさつ・講演・会議・会談等）の翻訳・通訳ができる。 日常生活及び社会生活全般における，新聞・雑誌・文学作品・実用文のほか，時事用語などを含む難度の高い中国語から **（一次）** ○長文の聞き取りと内容理解 ○長文中の指定文の書き取り（記述式） ○長文読解と長文中の語句に関する理解 ○語句の用法，熟語・慣用句を含む語句の解釈 ○長文中の指定文の日本語訳（記述式） ○比較的長い日本語の中国語訳（記述式） ○与えられた語句を用いたテーマに沿った中国語作文（記述式） **（二次）** ○難度の高い日本語・中国語の逐次通訳

日程と時間割

準4級，4級，3級，2級及び準1級の一次試験は3月，6月，11月の第4日曜日の年3回，1級の一次試験は11月の第4日曜日の年1回実施します。

一次試験は次の時間割で実施し，午前の級と午後の級は併願できます。

午　前			午　後		
級	集合時間	終了予定時間	級	集合時間	終了予定時間
準4級	10:00	11:05	4　級	13:30	15:15
3　級		11:55	2　級		15:45
準1級		12:15	1　級		15:45

※　2024年3月試験より準4級・4級の試験時間を変更しました。

準1級と1級の二次試験は，一次試験合格者及び一次試験免除者を対象に，一次が3月・6月の場合は5週間後，一次が11月の場合は翌年1月の第2日曜日に実施します。（協会ホームページに日程掲載）

受験会場

全国主要都市に約30か所，海外は3か所を予定しています。二次試験は，原則としてZoomによるオンラインで実施します（2024年4月現在）。

受験料（税込）

郵送またはインターネットで受付けます。

準4級	4　級	3　級	2　級	準1級	1　級
3,500円	4,800円	5,800円	7,800円	9,800円	11,800円

（2024年4月現在）

出題・解答の方式，配点，合格基準点

級	種類	方式	配点	合格基準点
準4級	リスニング	選択式	50点	60点
	筆　記	選択式・記述式	50点	
4　級	リスニング	選択式	100点	60点
	筆　記	選択式・記述式	100点	60点
3　級	リスニング	選択式	100点	65点
	筆　記	選択式・記述式	100点	65点

2 級	リスニング	選択式	100 点	70 点
	筆 記	選択式・記述式	100 点	70 点
準1級	リスニング	選択式・記述式	100 点	75 点
	筆 記	選択式・記述式	100 点	75 点
1 級	リスニング	選択式・記述式	100 点	85 点
	筆 記	選択式・記述式	100 点	85 点

・解答は，マークシートによる選択式及び一部記述式を取り入れています。また，録音によるリスニングを課し，特に準1級・1級にはリスニングによる書き取りを課しています。

・記述式の解答は，簡体字の使用を原則としますが，2級以上は特に指定された場合を除き，簡体字未習者の繁体字使用は妨げません。ただし，字体の混用は減点の対象とします。

・4級〜1級は，リスニング・筆記ともに合格基準点に達していないと合格できません。準4級は合格基準点に達していてもリスニング試験を受けていないと不合格となります。

・合格基準点は，難易度を考慮して調整することがあります。

二次試験内容

準1級は，面接委員との簡単な日常会話，口頭での中文日訳と日文中訳，指定されたテーマについての口述の3つの試験を行い，全体を通しての発音・イントネーション及び語彙・文法の運用能力の総合的な判定を行います。10〜15分程度。合格基準点は 75 点／100 点

1級は，面接委員が読む中国語長文の日本語訳と，日本語長文の中国語訳の2つの試験を行います。20〜30分程度。合格基準点は各 85 点／100 点

一般財団法人 日本中国語検定協会

〒 103-8468 東京都中央区東日本橋 2-28-5 協和ビル

Tel：03-5846-9751 Fax：03-5846-9752

ホームページ：http://www.chuken.gr.jp

E-mail：info@chuken.gr.jp

試験結果データ（2023年実施分）

L：リスニング　W：筆記　□試1：中文日訳　□試2：日文中訳

第108回	準4級	4級		3級		2級		準1級		準1級二次	1級一次		1級二次
		L／W		L／W		L／W		L／W		□試	L／W		□試1／□試2
合格基準点	60	60(55)/60		65(55)/65(60)		70(65)/70		75/75		75	－		－
平均点	74.1	63.3/70.6		57.1/69.7		62.9/64.3		66.5/63.3		84.3	－		－
志願者数	1,176	1,651		1,958		896		355		62	－		－
受験者数	1,004	1,443		1,703		804		316		58	－		－
合格者数	808	856		809		235		61		56	－		－
合格率	80.5%	59.3%		47.5%		29.2%		19.3%		96.6%	－		－

第109回	準4級	4級		3級		2級		準1級一次		準1級二次	1級一次		1級二次
		L／W		L／W		L／W		L／W		□試	L／W		□試1／□試2
合格基準点	60	60(55)/60(55)		65(50)/65(50)		70(65)/70(65)		75/75		75	－		－
平均点	66.4	64.2/64.3		53.2/61.9		59.2/59.7		61.1/60.6		87.0	－		－
志願者数	973	1,449		1,892		946		377		57	－		－
受験者数	848	1,282		1,670		871		338		52	－		－
合格者数	596	764		819		269		54		49	－		－
合格率	70.3%	59.6%		49.0%		30.9%		16.0%		94.2%	－		－

第110回	準4級	4級		3級		2級		準1級一次		準1級二次	1級一次		1級二次
		L／W		L／W		L／W		L／W		□試	L／W		□試1／□試2
合格基準点	60	60(55)/60(55)		65/65		70/70		75/75		75	85/85		85/85
平均点	67.3	66.4/63.5		65.5/66.7		72.3/63.0		65.5/68.1		85.6	76.5/71.5		72.2/69.2
志願者数	2,085	2,085		2,363		1,180		346		81	214		28
受験者数	1,875	1,819		2,063		1,043		306		79	204		28
合格者数	1,246	1,086		895		345		76		77	22		10
合格率	66.5%	59.7%		43.4%		33.1%		24.8%		97.5%	10.8%		35.7%

※　二次志願者数には，一次試験免除者を含みます。
※　合格基準点欄（　）内の数字は，難易度を考慮して当該回のみ適用された基準点です。

第　　　回　　　3級　解答用紙

受験番号

会場

氏名

リスニング

1

	1	2	3	4
(1)				
(2)				
(3)				
(4)				
(5)				
(6)				
(7)				
(8)				
(9)				
(10)				

2

	1	2	3	4
(1)				
(2)				
(3)				
(4)				
(5)				
(6)				
(7)				
(8)				
(9)				
(10)				

筆記

1

	1	2	3	4
(1)				
(2)				
(3)				
(4)				
(5)				
(6)				
(7)				
(8)				
(9)				
(10)				

2

	1	2	3	4
(1)				
(2)				
(3)				
(4)				
(5)				
(6)				
(7)				
(8)				
(9)				
(10)				

3

	1	2	3	4
(1)				
(2)				
(3)				
(4)				
(5)				
(6)				
(7)				
(8)				
(9)				
(10)				

4

	1	2	3	4
(1)				
(2)				
(3)				
(4)				
(5)				
(6)				

点数

5

(1)	
(2)	
(3)	
(4)	
(5)	

カバーデザイン：トミタ制作室

音声ストリーミング，ダウンロード

中検3級試験問題2024［第108・109・110回］解答と解説

2024 年 4 月 22 日　初版印刷
2024 年 4 月 28 日　初版発行

編　者　一般財団法人 日本中国語検定協会
発行者　佐藤和幸
発行所　白 帝 社

〒 171-0014　東京都豊島区池袋 2-65-1
TEL 03-3986-3271　FAX 03-3986-3272
info@hakuteisha.co.jp　https://www.hakuteisha.co.jp/
印刷 倉敷印刷(株)／製本 (株)ティーケー出版印刷

Printed in Japan　〈検印省略〉　6914　　ISBN978-4-86398-583-4

音声ダウンロード

呉志剛先生の
中国語発音教室
声調の組合せ徹底練習

上野恵司 監修　呉志剛 著

■模範朗読を聴きながら，四声の組合せ，および音声と音声とをつなげて発音するリズムとコツを身につけ，更に滑らかな本物の中国語の発音を目指します。

◆ A5 判　128p

◆定価［本体 2200 円＋税］
　　　　ISBN　978-4-86398-207-9

白帝社刊